大展好書　好書大展

品嘗好書　冠群可期

運動精進叢書 17

巴西青少年足球訓練方法 300 例

趙人英　編著

大展出版社有限公司

上海申花俱樂部為少年隊赴巴西培訓召開新聞發布會
前排就坐者：中國足球學校校長王鈞（左四）
上海申花俱樂部董事長兼總經理郁知非（左三）
上海申花俱樂部副總經理瞿玉明（左二）
主教練秋鳴（右一）
領隊兼教練趙人英（右二）

全隊在聖保羅足球俱樂部主場——「慕隆比」體育場合影

全隊在「葡萄牙人」俱樂部主場「卡林代」足球場合影

全隊進入聖保羅足球俱樂部主場──「慕隆比」
體育場訓練

在聖保羅足球俱樂部──「可基亞」訓練基地,
練習顛網球

頭頂網球

巴西主教練安東尼奧・席爾瓦比賽前布置戰術

賽場剪影

賽場剪影

賽場剪影

在「馬嘎耶」杯賽上，與克魯塞羅俱樂部（全國甲級俱樂部）青年隊
比賽前合影

在米維斯州「好影杯」上，與「葡萄牙人」俱樂部（全國甲級俱樂部）青年隊比賽前，雙方隊長與裁判員合影。

參加米維斯州「好景杯」賽，與瓦斯科・達伽瑪俱樂部（全國甲級俱樂部）青年隊比賽前雙方交換隊旗。

在帕爾梅拉斯俱樂部（全國甲級俱樂部）訓練基地，與帕爾梅拉斯青年隊比賽前雙方合影留念。

教練組全體成員合影
主教練：安東尼奧·席爾瓦（左三）
體能教練：岡波斯（左五）
助理教練：鮑杰斯（右一）
隊醫：奧維斯（左一）
服裝管理員：馬努埃爾（右二）
中方主教練：秋鳴（左二）
中方領隊兼教練：趙人英（左四）

本書作者與巴西主教練合影

中央電視臺，鳳凰電視《極地跨越》聯合攝製組在巴西採訪我隊後合影留念。

巴西最大的電視臺——「環球」電視體育節目組對我隊隊員進行採訪。

隊員在聖保羅體育大學運動生化研究所接受生理機能測試。

全體隊員上葡萄牙語課。

每天訓練後，隊員要寫訓練日記。

隊員們與聖保羅足球俱樂部的青年隊隊員一起聊天、交流。

序

「人無遠慮；必有近憂」，中國足球既有「遠慮」，又有「近憂」。

「近憂」是足球改革的陣痛，這是必然經歷的艱難過程，足球的體制改革、機制轉換、法制健全、素質的提高，是龐大的系統工程，其艱難可想而知；「遠慮」是如何全面提高運動技術水準，大力發展青少年足球運動是根本途徑。這已是足球界的共識，但由於諸多原因，總是難以在實踐中擺上重要位置。

中國足球學校作爲中國足球事業的希望工程，責無旁貸地要與足球界的有識之士共同承擔分憂解慮這一歷史重任。

出於共同的歷史責任感，上海申花俱樂部與中國足球學校不謀而合，決定集雙方優勢，聯手組建一支希望之隊「取經」巴西，命名爲「中國足球學校——上海申花少年隊」，配備以巴西教練爲主，中方教練爲輔的教練組，意在既打造一支精品隊伍，又探取足球王國長盛的眞諦。

近三年的實踐已初見成效，國內賽場上的甲級勁旅，包括國字型大小球隊中雄姿勃發的巴西歸來小將們屢有建樹；教練組辛勤勞作的「足球王國探密」也已完成，可以告慰初衷。亦可以給足球同仁們提供些微借鑒與啓迪，爲經歷艱難仍在奮鬥的中國足球建言

獻策、添磚加瓦。

中國足球需要從長計議，紮紮實實地「從娃娃抓起」。

中國足球需要潛心研究規律，遵循規律，博採眾長，發展特色。

爲此，感謝郁知非及秋鳴、趙人英所做出的努力。

原中國足球學校校長：王軒

前　言

　　1998 年 11 月 18 日上海申花足球俱樂部派出一支少年足球隊赴巴西第一大城市聖保羅市，進行爲期兩年的培訓，在中國足球史上這是值得我們認眞回顧、總結的一件事。因爲在我國職業足球剛剛起步的時候，一個職業俱樂部能把著眼點放在青少年後備力量的培養上，投入鉅資，身體力行，這種高瞻遠矚、遠見卓識的非凡氣魄，體現了決策者的超人膽識，預示著職業足球的方向。

　　足球運動的發展要靠雄厚堅實的後備力量。中國足球的希望在於優秀人才的不斷湧現。上海申花足球俱樂部董事長郁知非和中國足球學校校長王鈞，在這個足球運動最基本的規律上取得共識，雙方決定攜手合作，力促此事。從中國足球學校和上海市經過層層選拔的一批小球員滿懷豪情踏上足球王國巴西的土地，在世界著名的聖保羅足球俱樂部、「葡萄牙人」足球俱樂部培訓兩年，得以在這塊世界上最好的足球沃土上茁壯成長。

　　筆者作爲率隊前往巴西的中方教練組成員深知重任在肩，時刻傾心竭力。兩年的時間裏我們隨隊訓練、比賽、生活，親眼目睹了巴西足球，做了大量詳實的訓練、比賽筆錄，記下了每一天的日記。在認眞回顧、總結在足球王國巴西的學習經歷時，我們整理

了這些筆錄和日記，寫成了這本小冊子。但願能把我們在巴西的所見所聞介紹給熱愛、關注足球運動的朋友們，但願能把我們所學的巴西足球一些訓練方法介紹給廣大足球工作者，特別是從事青少年足球訓練工作的同行們。但願我們的目的能夠達到，以了卻多年從事足球事業的一份心願。

　　儘管我們做了很大努力，儘管我們有著良好的願望，但由於本身水準所限，難免出現錯誤和疏漏，敬請各位朋友給予批評、指正。

筆者

目　錄

16

目

錄

圖　例

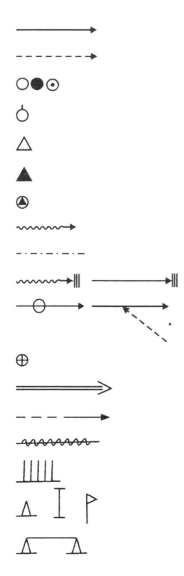

傳球、射門

球員跑動路線

球員、球員位置

球員面對方向

防守球員、防守位置

守門員、守門員位置

教練員、教練員位置

運球、運球路線

顛球跑

踩球

漏球

足球、球的位置

進攻方向

守門員撲接球、跳躍

皮筋

人牆車

標誌、欄架、標誌旗

皮筋架

一、控球能力訓練方法

一、控球能力訓練方法

(一)顛　球

顛球是增強球感，提高控球能力的有效方法，巴西教練很重視這項練習。在我們第一年的技術訓練課中，每週安排兩次顛球練習，在課的準備部分裏練習 30 分鐘顛球。

然後再進行拉韌帶、各種跑等熱身活動。在一年培訓期間從未間斷。

每次練習顛球都是先從顛網球開始，要求用頭、大腿和腳三個部位顛，每個部位都完成規定的次數後就換顛小膠球，每個部位都完成規定的次數，後再換顛足球（5號），每個部位再完成規定的次數後結束練習。

巴西的球員從小就開始顛網球，到 15—16 歲年齡段顛網球水準很高，我們的隊員是剛開始顛網球，所以要求是較低的。

前 3 個月要求的顛球次數

球	頭	大腿	腳
網球	10 次	20—30 次	50 次
小膠球	20 次	50 次	100 次
足球	20 次	50 次	100 次

4～5個月要求的顛球次數

球	頭	大腿	腳
網球	30次	50次	100～150次
小膠球	50次	100次	200次
足球	50次	150次	200次

6個月要求的顛球次數

球	頭	大腿	腳
網球	50次	100次	200次
小膠球	100次	200次	300次
足球	100次	200次	300次

(二)顛球遊戲

　　為提高顛球練習的興趣，加大顛球練習難度，巴西教練採用了許多遊戲性的顛球練習方法。

1. 個人顛球練習

　　要求顛過頭，球落下時用腳背接住，再繼續顛球。連續做這樣一高一低的顛球。

2. 同上練習

　　要求高顛時挑過頭頂，迅速轉身用腳背將下落的球接住，連續做前後轉身一高一低的顛球。

3. 兩人同時各顛一球

　　聽哨音後同時將球顛給對方。連續做聽哨音交換顛球

的練習。

4. 三人顛兩球

三人站成三角形，同時用兩個球做順時針或逆時針的依次顛傳球，可提出一次觸球、二次或三次觸球的要求。

5. 跑動顛球

兩人一組向前做跑動顛傳球。可要求觸球次數、觸球部位。可以做三人一組的練習，變換各種跑動路線和觸球次數、部位的要求。

6. 分隊顛傳球比賽

第一人顛傳給第二人，第二人顛傳回第一人，自己跑到隊尾，連續進行。直至全隊每人都與第一人顛傳完球後，原第二人迅速與第一人交換位置，第一人跑到隊尾，直至全隊每人都交換過原第一人位置並與全隊每人顛傳完球為結束。比哪隊先做完，或比在規定時間內哪隊完成輪次多。（圖1）

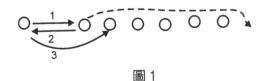

圖1

要求：交換位置時顛傳球不停。可要求觸球次數、部位等。

7. 頭顛傳球比賽

從排頭到排尾再由排尾到排頭連續用頭向後顛傳球，比完成輪次多少。或規定時間內完成輪次多少。可隨時調整隊員間距離，但順序不能變。（圖2）

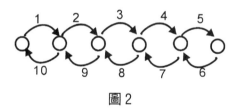

圖 2

一、控球能力訓練方法

8. 頭顛傳球比賽

排頭頂球給第三人，第三人頂給第二人，第二人頂給第四人，按此順序連續做頭顛傳球至排尾再返回，反覆進行，比賽方法和要求同7。（圖3）

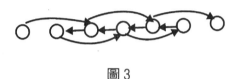

圖 3

9. 顛球比賽

進行分隊顛球跑比賽。比哪隊完成一個輪次最快，或比規定時間內哪隊完成輪次多。（圖4）

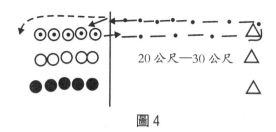

20公尺—30公尺

圖 4

要求：可規定顛球部位，腳、大腿、頭等。隊員在顛球跑途中出現失誤要回到起點重新開始。

10. 足排球比賽

在排球場進行（也可另設場地），每隊六人，按排球比賽站位。1 號位發球，可直接踢過網，也可用手拋給前排隊員，再由前排隊員踢或頂過網。（圖 5）

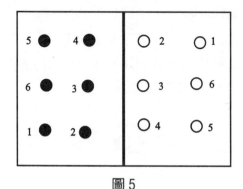

圖 5

要求：每人可觸一次球，除手以外身體任何部位都可觸球。除發球外必須三次觸球過網，否則即失分。球落在界內、界外均爲失分。

11. 顛球過竿

設置 10 根標竿，間距 0.8～1 公尺，要求用腳顛球、大腿顛球、頭顛球三種方法按蛇形路線繞過竿。

(三) 盤帶球

盤帶球是賽場上控球、過人的重要技術，在第一年的培訓期間巴西教練在課的準備部分安排了很大比例的盤帶球練習，並親自示範、傳授各種盤帶技術，使隊員個人控球能力有了顯著提高。

1. 盤帶球過竿練習：設置 10 根標竿，間距 1 公尺（圖 6）

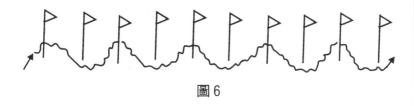

圖 6

過竿方法：

（1）一扣一撥：用一隻腳裏腳背扣球，用另一隻腳外腳背撥球過竿。

（2）單腳扣撥：用一隻腳裏腳背扣球，外腳背撥球過竿。

（3）單腳撥扣：用一隻腳外腳背撥球，裏腳背扣球過竿。

（4）雙腳撥球：用一隻腳外腳背撥球。另一隻腳外腳背向反方向撥球過竿。

（5）雙腳扣球：用一隻腳裏腳背扣球，另一隻腳裏腳背向反方向扣球過竿。

（6）單腳拉扣：用腳掌向後拉球並迅速用裏腳背扣球過竿。

（7）單腳拉撥：用腳掌向後拉球並迅速用外腳背撥球過竿。

（8）單腳拉挑：用腳掌向後拉球並迅速用正腳背挑球過竿。

（9）單腳推拉：用腳弓向前輕推同時腳弓包住球連同

腳掌拉球向反方向過竿，做動作時腳一直不離開球。

（10）跨步後磕：帶球時一腳向前跨步，另一腳用腳內側在支撐腳後將球磕向另一側過竿。

（11）拉球轉身：帶球過竿時先背對竿並迅速用腳掌拉球轉身過竿。

2. 盤帶球遊戲

（1）全隊在中圈內盤帶球，做各種盤帶過人，要求一分鐘內快速連續做盤帶動作，控好球，做到自己的球不碰其他人和球，碰者即為失誤，罰做 10 次俯臥撐。

（2）全隊在中圈內做盤帶過人，在中圈弧上設置比練習人數少 2—3 個的標誌點，聽哨聲後練習者迅速帶球搶佔中圈弧上的標誌點並把球踩定，沒搶到標誌點和球沒踩在標誌點的被罰 10 個俯臥撐。

（3）全隊每人一球，分散在中圈弧上，聽哨聲迅速帶球通過中圈，把球帶到對面中圈弧上。要求控好球，自己的球不碰其他人和球，失誤者罰做 10 次俯臥撐。

（4）全隊在中圈內指定 3～5 人沒有球，其他人每人一個球，在中圈內做盤帶控球。沒球的人可以搶其他人的球，搶到球後自己控好球。限時一分鐘鳴哨，腳下沒球的人罰做 10 次俯臥撐。

二、傳接球訓練方法

在巴西兩年的培訓中，技術訓練最主要的內容就是傳接球訓練。巴西主教練採用多種多樣不斷變化的跑動傳接球方法，訓練隊員跑動中連續快速的傳接球能力，要求隊員在傳接球訓練中，快速跑動進行連續不停頓的一腳傳遞。實踐證明這種訓練方法對培養巴西式短傳配合打法行之有效。

（一）二人傳接球

1.兩人一組做跑動傳接球。要求一腳出球。（圖7）

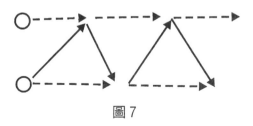

圖7

2.兩人一組交叉跑動做直傳、斜傳。要求一腳出球。（圖8）

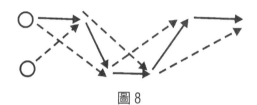

圖8

3. 兩人一組傳球人傳直線球，接球人從傳球人身後繞過接球，連續傳直線球。要求一腳出球。（圖9）

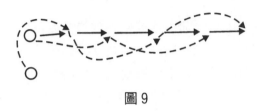

圖9

4. A 向前傳球向前跑動，B 後退跑做回敲球，連續做直傳回敲球。要求一腳出球。（圖10）

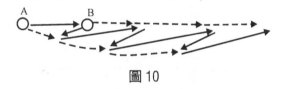

圖10

5. A 傳球給 B 後迅速前插接球，B 接球轉身直傳給 A，連續做直傳、接球轉身、直傳。要求兩腳出球。（圖11）

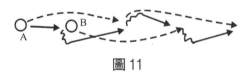

圖11

6. A 傳球給 B 後向前跑動接球，B 傳球給 A 後迅速從 A 的身後快速斜插接 A 的傳球，接球後再傳給向前跑動的 A，連續做。要求一腳出球。（圖12）

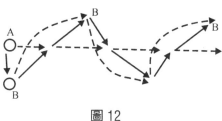

圖 12

　　7. A 傳球給 B，B 胯下漏球迅速轉身將球回傳跑上接球的 A，連續做直傳、漏球回傳。要求一腳出球。（圖 13）

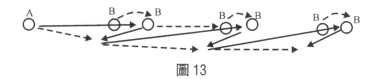

圖 13

　　8. B 傳球給 A，A 反向斜線快速運球再反向傳給從身後斜插向前的 B。要求一腳出球，傳地滾球。（圖 14）

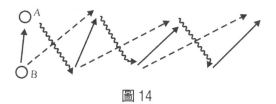

圖 14

　　9. A 快速斜線運球與 B 做斜線交叉換位，交叉時 B 將球帶走，連續做交叉換位運球。（圖 15）

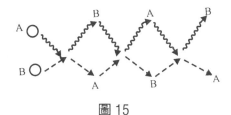

圖 15

(二)回敲球

1. 兩人一組。一人手拋球給另一人，另一人邊做快速原地小步跑邊把拋來的球回敲給拋球人。要求依次用腳弓回敲、大腿接球腳回敲、胸接球腳回敲、跳起頭頂回。可以規定每個部位的回敲次數。

2. A手拋球傳給B，B做移動回敲球。要求回敲次數和部位同1。（圖16）

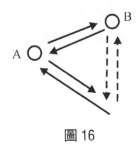

圖16

3. 兩人在跑動中A用手拋球傳給B，B把球回敲給A。要求部位同1。（圖17）

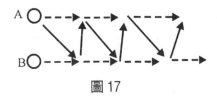

圖17

4. A向前跑動手拋球傳給B，B後退跑中把球回敲給A。要求部位同1。（圖18）

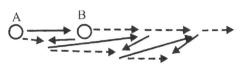

圖18

5. A 在跑動中給 B 做手拋傳球，B 從 A 背後繞過接球回敲。要求部位同 1.。（圖 19）

圖 19

6. A 在跑動中給 B 做手拋傳球，B 在 A 身前斜線跑動並將球回敲給 A。要求部位同 1.。（圖 20）

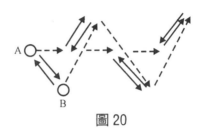

圖 20

（三）三人傳接球

1. 三人跑動傳球，B 傳 C，C 傳 A，B 傳完球後從 C 身後繞過接應 A 的傳球，連續做傳球後從接球人身後繞過去接應下一個傳球。要求一腳出球。（圖 21）

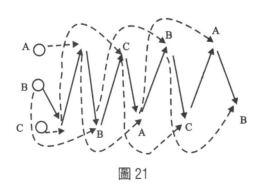

圖 21

2. 三人跑動傳球，A 傳 C，B 從 A 身後繞過接應 C 的傳球，A 從 C 的身後繞過接應 B 的傳球，連續做無球人從傳球人身後繞過接應下一個傳球。要求一腳出球。（圖 22）

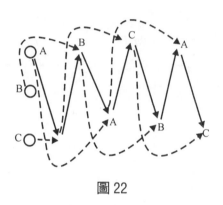

圖 22

3. 三人跑動傳球，B 傳 A 後快速從 A 身後套邊接 A 的直傳球，B 接球後傳給跑動的 C，B 快速從 C 的身後套邊接 C 的直傳球再傳給跑動的 A，B 連續做套邊接直傳球。要求一腳出球。（圖 23）

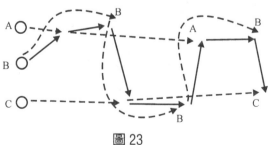

圖 23

4. 三人跑動做連續「二過一」配合，A 與 B 打「二過一」後，A 傳給跑上接應的 C，再跑上去接應 C，C 與 A 打「二過一」後，C 傳球給跑上接應的 B，再跑上去接應 B，B 與 C 打「二過一」，如此連續做要求一腳出球。（圖24）

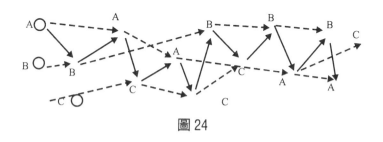

圖 24

5. 三人交叉跑動運球，B 斜線運球與 A 做交叉，將球踩住交給 A，A 繼續斜線運球與 C 交叉，將球踩住交給 C，C 繼續斜線運球與 B 交叉，如此連續做交叉跑動運球、交換運球。（圖25）

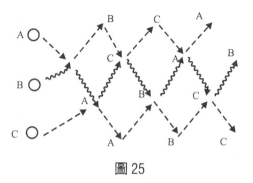

圖 25

二、傳接球訓練方法

6.三人做回傳轉移傳球，A 傳球給 B 後跑上去接回傳球長傳給 C，再跑上去接 C 回傳球長傳給 B，連續做。（圖 26）

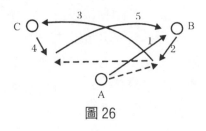

圖 26

7.三人做過頂長傳球，B 傳球給 A，A 做過頂長傳給 C（球過 B 的頭頂），B 跑上去接 C 的傳球，再回傳給 C，C 做過頂長傳給 A（球過 B 的頭頂），連續做。（圖 27）

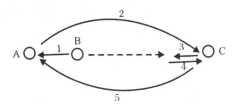

圖 27

8.三人做「二過一」結合長傳球，A 傳球給 B，B 給 A 做「二過一」，A 接球後長傳給 C，A 跑上去接 C 的傳球，給 C 做「二過一」，C 接球後長傳給已跑到 A 位置的 B，C 跑到 B 的位置，A 跑到 C 的位置，繼續連續做這個練習。要求一腳出球。（圖 28）

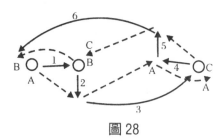

圖 28

9. 三人連續快速腳弓傳球，B 傳球給 A 後跑向 A 的位置，A 傳球給 C 後跑向 C 的位置，C 傳球給已跑到 A 位置的 B，如此連續進行。要求傳球在 10 公尺距離內進行，一腳出球。（圖 29）

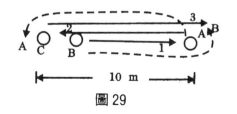

圖 29

 略

10. 三人做連續「二過一」傳球，A 傳球給 B，B 給 A 做「二過一」傳球，A 傳球給 C 後跑上去接 C 的傳球給 C 做「二過一」傳球，C 接球後傳給已跑到 A 位置的 B，C 跑到 B 的位置與 B 繼續打「二過一」，A 跑到 C 的位置接球，如此連續做「二過一」傳球。要求一腳出球。（圖 30）

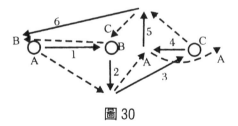

圖 30

11. 人跑動換位傳球，A 傳球給 C，C 傳球給 B 後跑向 B 的位置，B 傳給 A 後跑向 C 的位置，A 傳給已跑到 B 的位置的 C，如此 B 與 C 連續跑動換位，A 與 B、C 連續傳球。要求一腳出球。（圖 31）

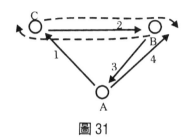

圖 31

33

二、傳接球訓練方法

12. 人跑動做運球反向傳球，A 傳球給 C 後從 C 身後插上接球，C 運球後反向傳球給 A，A 運球後反向傳球給斜線插上的 B，B 運球後反向傳給斜線插上的 C，如此連續做運球反向傳球。（圖 32）

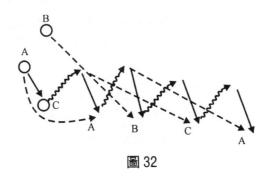

圖 32

(四) 四人傳接球

1. D 傳球給 B 後跑向 B 的位置，B 傳球給 A 後跑向 D 的位置，A 傳球給跑到 D 位置的 B，B 傳球給 C 後跑向 C 的位置，C 傳球給 A 後跑向 D 的位置，A 傳球給跑到 D 的位置的 C，如此連續做不停頓的傳球。要求一腳出球。（圖 33）

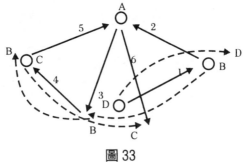

圖 33

2. A 傳球給 B 後跑向 B 的位置，B 傳球給 D 後跑向 A 的位置，D 傳球給跑到 A 位置的 B 後跑向 C 的位置接 B 的傳球，C 跑向 D 的位置。D 接 B 的傳球後傳給跑到 B 位置的 A，A 傳球給跑到 D 位置的 C，C 傳球給 A 位置上的 B，如此連續進行傳球。要求一腳出球。（圖34）

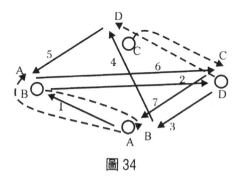

圖 34

3. A 傳球給 B 後跑向 B 的位置，B 傳球給 C 後跑向 C 的位置，C 傳球給 D 後跑向 D 的位置，如此連續做傳球。（圖35）

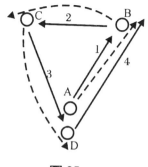

圖 35

4. D 傳過頂球給 B（傳後跑向 C 的位置），B 一腳球墊給 C 並斜線跑動接 C 的傳球，C 一腳出球傳給 B（傳後跑向 B 的位置），B 接 C 的傳球後傳過頂球給 A，A 傳給跑到 D 位置上的 B，如此連續進行傳球。（圖 36）

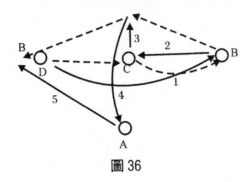

圖 36

5. A 傳球給 B，B 傳給 C，C 傳給 B（傳後跑向 B 的位置），B 傳給跑上接球的 A（傳後跑向 C 的位置），A 傳給跑到 C 位置的 B，B 傳球給 D，D 傳給跑到 B 位置的 C，如此連續進行傳球。要求一腳出球。（圖 37）

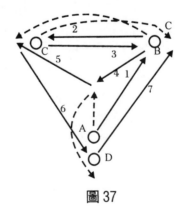

圖 37

6. A 傳球給 B，B 回傳給 A 跑向 C 的位置接 A 的傳球，C 跑向 B 的位置，A 傳球給跑到 C 位置的 B，B 傳球給 D，D 傳球給跑到 B 位置的 C，A 跑到 D 身後。如此連續進行傳球。（圖 38）

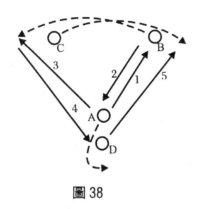

圖 38

7. A 傳過頂球給 C，C 一腳球墊給斜線跑動接應的 B，B 一腳球傳給 D 後跑向 C 的位置，C 跑向 B 的位置，D 傳過頂球給已跑到 B 位置的 C，C 一腳球墊給由 C 位置跑上接應的 B，B 一腳球傳給 A。C 和 B 都回到原位置，再繼續進行傳球。（圖 39）

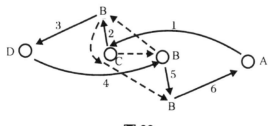

圖 39

8. A 傳球給 D 後跑向 B 的位置，B 跑向 A 的位置，D 傳給跑到 B 位置的 A，A 傳球給 C，C 回敲 A 後跑向 D 的位置，D 跑向 C 的位置，A 傳球給跑到 D 位置的 C，C 傳球給跑到 A 位置的 B，如此連續進行傳球。（圖 40）

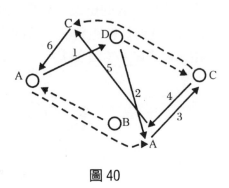

圖 40

9. D 長傳過頂球給 B，B 接球轉身傳球給 A，A 長傳過頂球給 C，C 接球轉身傳球給 D，如此連續進行傳球。（圖 41）

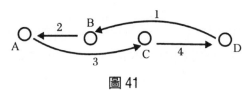

圖 41

10. D 長傳過頂球給 B，B 一腳球墊給 C，C 長傳過頂球給 A，A 長傳過頂球給 C，C 一腳球墊給 B，B 長傳過頂球給 D。如此連續進行傳球。（圖 42）

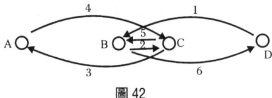

圖 42

11. 用兩個球同時進行傳球，A 和 D 各用一球，A 傳球給 B 後斜線跑動接應，B 傳給 A 後跑到 A 的位置，A 長傳給跑到 D 位置的 C，D 和 C 的傳球同 A 和 B，如此連續進行傳球。（圖 43）

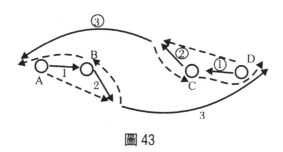

圖 43

12. 用兩個球同時進行傳球，D 和 B 各用一球，D 傳球給 A，A 回傳 D 後跑向 B 的位置接應，D 傳給跑到 B 位置的 A 後跑到 C 的位置。B 與 D 同時傳球給 C，C 回傳 B 後跑向 D 的位置接應，B 傳給跑到 D 位置的 C 後跑到 A 的位置。如此連續進和傳球。（圖 44）

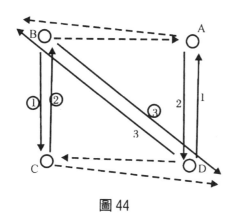

圖 44

13. 用兩個球同時進行傳球，A 和 C 各用一球，A 傳球給 B，B 運用假動作接球轉身運球，再傳給 C。C 與 A 同時傳球給 D，D 用假動作接球轉身運球再傳給 D。如此連續進行傳球。（圖 45）

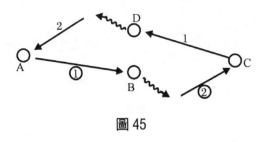

圖 45

14. C 傳球給 A，A 傳球給 B，B 傳球給跑上接應的 C 後跑上接 C 的傳球，再傳給 D。B 跑到 D 身後，C 跑到 A 的位置，A 跑到 B 的位置，D 接 B 的傳球後傳給跑到 A 位置上的 C 開始下一輪的傳球，如此連續進行。要求一腳出球。（圖 46）

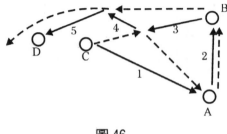

圖 46

15. A 傳球給 B，B 傳給 C，C 傳給 D，D 傳球給從 C 身後插上接應的 A，A 傳球給從 D 身後插上接應的 B，B 傳球給從 A 身後插上接應的 C，C 傳球給從 B 身後插上接應的 D，如此連續進行跑動傳球。要求一腳出球。（圖 47）

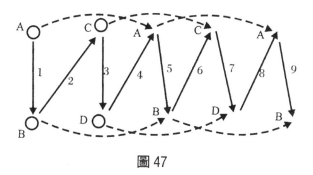

圖 47

16. A 傳球給 B 後跑上接應，B 回傳 A 後跑上接應，A 傳給 B，B 傳給 C 後跑上接應，C 回傳 B，B 傳給接應的 C，C 傳給 D 後跑上接應，D 回傳 C，C 傳給接應的 D，D 傳給已回到原位置的 A，其他各位置都已回位，A 再開始進行如此連續的傳球。要求一腳出球。（圖 48）

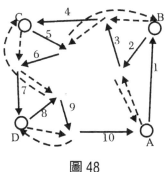

圖 48

(五)五人傳接球

1. 用四個標誌擺成方形，Ａ、Ｂ、Ｃ、Ｄ各站在標誌旁。Ｅ傳球給Ａ後跑上去接Ａ的回傳球，Ａ回傳球給Ｅ後從標誌繞過去接應Ｅ的傳球，Ｅ斜線傳球給Ａ後跑到Ａ的位置，同樣Ａ和Ｂ，Ｂ和Ｃ，Ｃ和Ｄ都如此進行傳接球和換位，當Ｄ接到Ｃ的斜線傳球後（12），將球傳給跑到Ａ位置上的Ｅ（13）並跑上去接Ｅ的回傳球，開始下一輪次的傳球。如此連續進行傳球。要求一腳出球。（圖49）

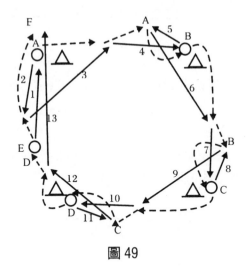

圖 49

2. Ａ長傳過頂球給Ｃ，Ｃ一腳球墊給Ｅ後跑向Ｅ的位置，Ｅ接球後快速運球到Ｃ的位置把球傳給Ｂ並跑向Ｂ的位置，Ｂ長傳過頂球給Ｄ後跑向Ｃ的位置，Ｄ一腳墊傳給已跑到Ｅ位置的Ｃ後跑向Ｅ的位置，Ｃ快速運球到Ｄ的位

置傳球給 A 並跑向 A 的位置，A 接球後繼續長傳過頂球給已跑到 C 位置上的 B，開始下一輪次傳球，自已跑向 D 的位置，如此連續進行。（圖 50）

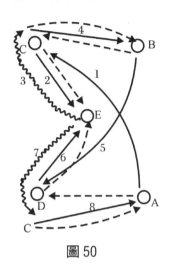

圖 50

3. 用兩個球同時進行傳球，A 傳過頂球給 B，B 一腳墊傳給 E 後跑上去接應 E 的傳球，E 一腳出球傳給 B 後跑向 B 的位置，B 一腳出球傳給 A 後跑向 E 的位置，當 B 到 E 的位置時 C 長傳過頂球給 D，進行相同的傳球練習，如此連續進行傳球。（圖 51）

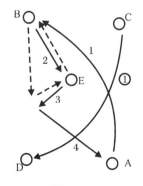

圖 51

4. 用兩個球同時進行傳球，A 長傳過頂球給 B 後跑上去接應 B 的回傳，B 一腳球墊傳給 A 後就跑向 E 的位置（E 跑向 A 的位置），A 傳給跑到 E 位置的 B 後跑向 B 位置，B 一腳出球傳給跑到 A 位置的 E。當 B 跑到 E 位置時 C 長傳過頂球給 D，進行相同的傳球練習，如此連續進行傳球。（圖 52）

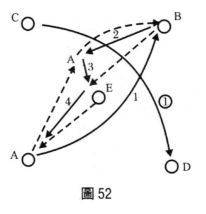

圖 52

5. 用兩個球同時進行傳球，A 傳過頂球給 C，C 一腳墊傳給 B 後斜線跑動接應，B 一腳出球傳給跑位的 C 後跑向 C 的位置，C 一腳出球傳給 A 後跑向 B 的位置。當 B 跑到 C 的位置時 E 傳過頂球給 B，進行相同的傳球練習。如此連續進行傳球。（圖 53）

圖 53

6. A 傳球給 B 後跑向 B 的位置，B 傳球給 E 後跑向 A 的位置，E 傳球給跑到 B 位置的 A（E 跑向 B 的位置），A 傳球給 C 後跑向 E 的位置，C 傳球給 D 後跑向 D 的位置，D 傳球給跑到 E 位置的 A（D 跑向 C 位置），A 傳球給跑到 D 位置的 C（A 跑向 D 位置），C 傳球給跑到 A 位置的 B，B 再開始下一輪次相同的傳球，如此連續進行傳球，要求一腳出球。（圖 54）

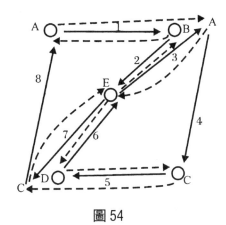

圖 54

7. B 傳球給接應的 D 後斜線跑動接應，D 傳球給 B 後跑向 C 的位置，B 傳球給 E 後跑向 E 的位置，E 傳球給跑上接應的 C 後斜線跑動接應，C 傳給接應的 E 後跑向 D 的位置，E 傳球給 A 後跑向 A 的位置。（圖 55）

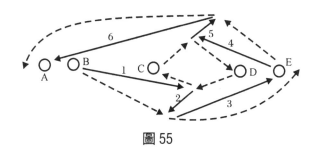

圖 55

現在 E 在 A 的位置，A 在 B 的位置，D 在 C 的位置，C 在 D 的位置，B 在 E 的位置，由 A 開始再按上述傳球方法進行傳球，連續進行，要求一腳出球。（圖 56）

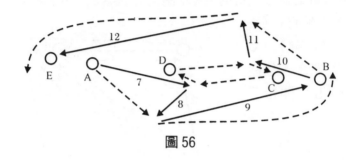

圖 56

8. A 傳球給 B 後從 B 身邊跑上接應，B 傳球給 D 後跑向 D 的位置，D 傳給接應的 A 後跑向 B 的位置，A 傳給 C 後跑向 C 的位置，C 傳球給跑到 D 位置的 B 後從 B 身邊跑上接應，B 傳給跑到 B 位置上的 D，D 傳給接應的 C 後再與 B 交換位置，C 傳球給 E 後跑向 E 的位置。現在 E 在 A 的位置，A 在 C 的位置，C 在 E 的位置，由 E 繼續按上述傳球方法進行傳球，連續進行，要求一腳出球。（圖 57）

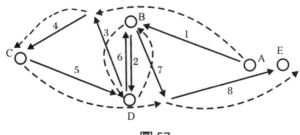

圖 57

9. A 傳球給 B 後跑上接應，B 回傳 A 後跑向 C 的位置，A 傳球給 C 後跑向 B 的位置，C 傳球給 D 後跑上接應，D 回傳 C 後跑向 E 的位置，C 傳球給 E 後跑向 D 的位置。現在 E 在 A 的位置，A 在 B 的位置，B 在 C 的位置，C 在 D 的位置，D 在 E 的位置，由 E 繼續按上述傳球方法進行傳球，連續進行。要求一腳出球。（圖 58）

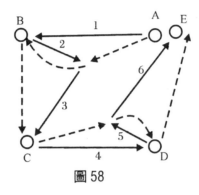

圖 58

10. A 傳球給 C 後跑上接應，C 傳給 B，B 傳給接應的 A 後跑向 C 的位置，A 傳球給 C 後跑向 B 的位置，C 傳球給 E 後跑上接應，E 傳給 D，D 傳給接應的 C 後跑向 E 的位置，C 傳球給 E 後跑向 D 的位置，現在 E 在 A 的位置，D 在 E 的位置，A 在 B 的位置，B 在 C 的位置，C 在 D 的位置，由 E 繼續按上述傳球方法進行傳球，連續進行。要求一腳出球。（圖 59）

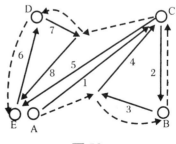

圖 59

11. A 傳球給 B 後跑向 B 的位置，B 傳給跑上接應的 E 後從 A 身邊跑動接應，E 傳給接應的 B，B 斜傳給 C，C 傳球給 D 後跑向 D 的位置，D 傳球給跑上接應的 E 後從 C 身邊跑動接應，E 傳球給接應的 D，D 斜傳給跑到 A 位置的 B。現在 B 在 A 的位置，A 在 B 的位置，D 在 C 的位置，C 在 D 的位置，由 B 繼續按上述傳球方法進行傳球，連續進行。要求一腳出球。（圖 60）

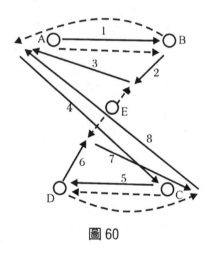

圖 60

12. A 傳球給 B 後跑向 E 的位置接應（E 跑向 A 的位置），B 傳給接應的 A 後跑上接應，A 傳球給接應的 B 後跑向 B 的位置，B 傳球給 C 後跑上接應，C 傳給接應的 B 後跑上接應，B 傳球給接應的 C 後跑向 C 的位置，C 傳球給 D 後跑上接應，D 傳球給接應的 C 後跑上接應，C 傳球給接應的 D，D 傳球給跑到 A 位置的 E 後跑向 E 位置。現在 E 在 A 位置，A 在 B 位置，B 在 C 位置，C 在 D 位置，D

在 E 位置，由 E 繼續按上述傳球方法進行傳球，連續進行。要求一腳出球。（圖 61）

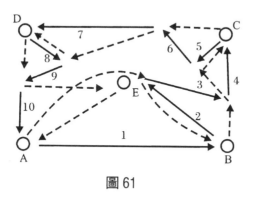

圖 61

(六)六人傳接球

1.B 傳球給 C 後斜線跑動接應，C 傳給 D，D 傳給接應的 B，B 傳給 E 後跑到 F 身後，E 傳給 C 後斜線跑動接應，C 傳給 D，D 傳給接應的 E，E 傳給 A 後跑到 A 的身後，A 再傳給 C 開始下一輪次傳球，如此連續進行傳球，要求一腳出球。（圖 62）

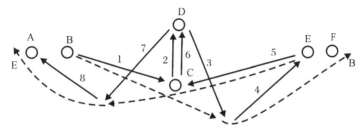

圖 62

2. B 傳給 C 後跑上去接應，C 回敲給 B，B 與 D 打「二過一」傳球給 D 後斜線跑動接應，D 傳給 B，B 傳球給 E 後跑到 F 的身後，E 傳球給 C 後跑上去接應，C 回敲給 E，E 與 D 打「二過一」傳球給 D 後斜線跑動接應，D 傳球給 E，E 傳球給 A 後跑到 A 的身後，A 再傳球給 C 開始下一輪次傳球，如此連續進行傳球，要求一腳出球。（圖 63）

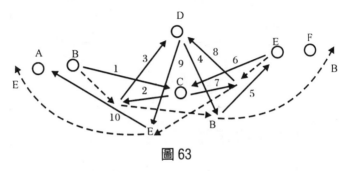

圖 63

3. B 傳球給 C 後斜線插上接應，C 傳球給 D 後從 D 身邊繞過接應，D 傳球給跑動接應的 B，B 傳給跑動接應的 C 後跑向 C 的位置，C 傳球給 E 後跑到 F 的身後（圖 64）。E 接 C 的傳球後傳給 D 並斜線插上接應，D 傳球給已跑到

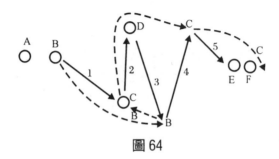

圖 64

C的位置上的 B 後從 B 身邊繞過接應，B 傳球給跑動接應的 E，E 傳球給跑動接應 D，D 傳球給 A 後跑到 A 的身後。（圖 65）A 再如此連續傳球，要求一腳出球。

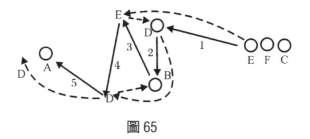

圖 65

4. B 傳球給 E 後跑上接應，E 傳球給接應的 B，B 傳給 F 後跑上接應，F 傳球給接應的 B。B 傳球給 C 後跑到 D 的身後。（圖 66）C 接 B 的傳球一腳出球傳給 F 並跑上接應，F 傳球給 C，C 傳球給 E 後跑上接應，E 傳球給 C，C 傳球給 A 後跑到 A 身後。（圖 67）A 再如此進行傳球，連續進行。要求一腳出球。

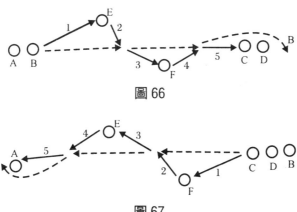

圖 66

圖 67

5. B傳球給D（C漏球）後斜線插上接應，D回敲C，C傳球給插上接應的B後C與D交換位置，B傳球給E後跑到F身後。（圖68）E接B傳球一腳出球給跑到C位置的D（C漏球）後斜線插上接應，D回敲C，C傳球給插上接應的E後C與D變換位置，E傳球給A後跑到A的身後。（圖69）A再如此繼續進行傳球。要求一腳出球。

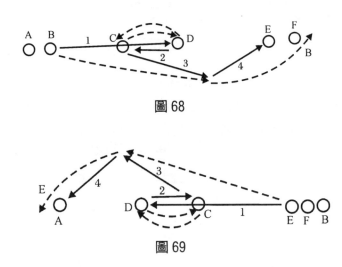

圖68

圖69

6. A傳球給F與F打「二過一」插上接應，F傳球給跑動接應的A，A傳球給E與E打「二過一」插上接應，E傳球給跑動接應的A，A傳球給D後跑向C的位置，C跑向B的位置，B跑向A的位置。（圖70）D接A傳球一腳出球傳給跑到C位置的A與A打「二過一」插上接應，A傳球給跑動接應的D。D傳給C與C打「二過一」插上接應，C傳球給跑動接應的D，D傳球給跑到A位置的B後

跑向 F 位置，F 跑向 E 位置，E 跑向 D 位置。（圖 71）B
再繼續如此進行傳球。連續進行，要求一腳出球。

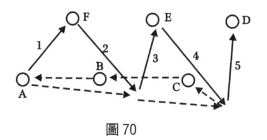

圖 70

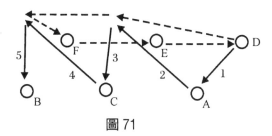

圖 71

7. C 運球回傳給 B 後跑向 F 的身後，B 傳過頂球給 D
後跑向 C 的位置，D 接 B 的傳球運球回傳給 E 後跑向 A 的
身後，E 傳過頂球給跑到 C 位置的 B，B 再作運球回傳，
繼續如此連續做傳球。（圖 72）

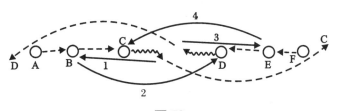

圖 72

8. A 傳球給 B 後跑向 B 的位置，B 傳給 C 後跑向 A 的位置，C 傳球給跑到 A 位置的 B。B 傳球給 D 後跑向 D 的位置，D 傳球給 E 後跑向 A 的位置，E 傳球給 A 位置的 D，D 傳球給 F 後跑向 F 的位置，F 傳球給跑到 B 位置的 A 後跑向 A 位置，A 傳球給跑到 A 位置的 F。F 再如此進行連續的傳球。要求一腳出球。（圖 73）

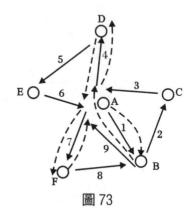

圖 73

9. C 傳球給 D 後跑上接應，D 傳球給接應的 C 後反向跑動接應，C 傳球給接應的 D 後跑向 F 的身後，D 傳球給 B 後跑向 A 的身後。B 再傳給 E，按上述傳球方法繼續進行傳球，連續進行。要求一腳出球。（圖 74）

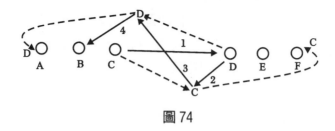

圖 74

10. B 傳球給 C 後跑上接應，C 傳球給接應的 B，B 傳球給 D 後跑上接應，D 傳給接應的 B，B 傳給 F 後跑向 F 的位置，F 傳球給 E 跑上接應，E 傳給接應的 F，F 傳球給

D後跑上接應，D傳給接應的F，F傳球給A後跑向A的位置，A再傳給C，繼續按上述方法進行傳球，連續進行，練習一定的時間後A、B、F和C、D、E交換位置。要求一腳出球。（圖75）

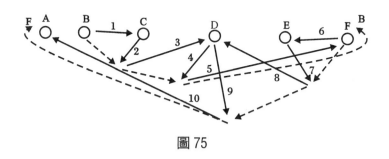

圖75

11. E傳球給D跑位接應，D傳球給迎上接應的C後插上接應，C傳球給接應的E，E傳給前插接應的D後跑向D的位置，D傳球給A後跑向A的位置。A傳球給B後跑位接應，B傳給迎上接應的C後插上接應，C傳給接應的A，A傳給前插接應的B後跑向B的位置，B傳球給F後跑向F的位置，F再傳給跑到D位置的E，繼續按上述傳球方法進行傳球，連續進行。要求一腳出球。（圖76）

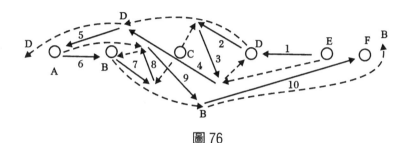

圖76

12. C傳球給F（E漏球）後跑上接應，F傳給接應的C，E漏球後插上接應，C傳給接應的E後跑向D的位置，D跑向C的位置，E傳球給B後跑向F的位置，F跑向E的位置（圖77），B傳球給跑到E位置的F（在F位置上的E漏球）後跑上接應，F傳球給接應的B後跑向E的位置，E漏球後插上接應，B傳球給接應的E後跑向A的位置，A跑向B的位置，E傳球給跑到C位置的D後跑向F的位置（圖78），D再傳給F（E漏球）繼續按上述傳球方法進行傳球，連續進行。要求一腳出球。

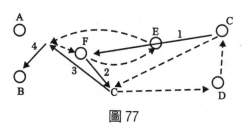

圖 77

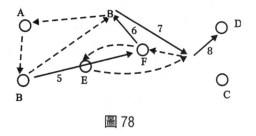

圖 78

13. A傳球給E，E回傳A後插上接應，A傳過頂球（過F頭頂）給接應的E後與B交換位置，E傳球給C後跑回原來位置（圖79）。C傳球給F，F回傳給C後插上

接應，C傳過頂球（過E頭頂）給接應的F後與D交換位置，F傳球給B後跑回原來位置（圖80）。B再傳球給E，繼續按上述方法進行傳球，連續進行。要求一腳出球。

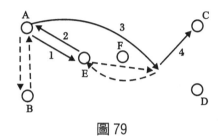

圖 79

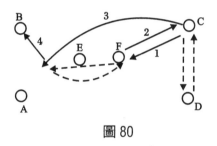

圖 80

14. A傳球給B，B回傳A，A傳球給C，C傳球給D，D回傳C，C傳球給E，E傳球給F，F回傳E，E傳球給A，A再繼續按上述方法進行傳球，連續進行。要求一腳出球。（圖81）

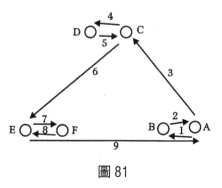

圖 81

15. F 傳球給 A 後跑上接應。A 傳球給接應的 F，F 傳球給 B，B 傳球給 C 後跑上接應，A 跑向 B 的位置，F 跑向 A 的位置，C 傳球給接應的 B，B 傳球給 D，D 傳球給 E 後跑上接應，C 跑向 D 的位置，B 跑向 C 的位置，E 傳球給接應的 D 後跑向 F 位置接應，D 傳球給跑到 F 位置的 E。E 再繼續按上述方法進行傳球，連續進行。要求一腳出球。（圖 82）

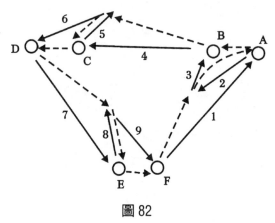

圖 82

16. A 傳球給 E，E 回傳 A，A 傳給 B 後跑向 E 的位置，E 跑向 A 的位置，B 傳球給 F、F 回傳 B，B 傳球給 C 後跑向 F 的位置，F 跑向 B 的位置，C 傳球給跑到 F 位置的 B，B 回傳 C，C 傳球給 D 後跑向 F 的位置，在 F 位置的 B 跑向 C 位置，D 傳球給跑到 E 位置的 A，A 回傳 D，D 傳球給跑到 A 位置的 E 後跑向 E 的位置，在 E 位置上的 A 跑向 D 的位置。在 A 位置上的 E 再傳給跑到 B 位置上的 F 繼續按上述方法進行傳球，連續進行。要求一腳出球。（圖 83）

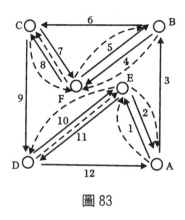

圖 83

17. 兩個球同時開始傳球，A 傳球給 B 後插上接應，B 給 A 做「二過一」，A 傳球給跑到 D 位置的 F，C 跑向 A 的位置，A 跑向 C 的位置；D 與 A 同時開始傳球給 E 後插上接應，E 給 D 做「二過一」，D 傳球給跑到 A 位置的 C，F 跑向 D 的位置，D 跑向 F 的位置，如此連續進行傳球，A、B、C 定時互換位置，D、E、F 定時互換位置，要求一腳出球。（圖 84）

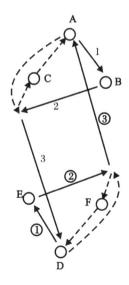

圖 84

18. 用兩個球同時開始傳球，A 傳球給 B 後插上接應，B 傳球給 C 後跑向 C 的位置，C 傳球給接應的 A 後跑向 A 的位置，A 傳球給跑到 F 位置上的 D 後跑向 B 的位置。F 與 A 同時傳球給 E 後插上接應，E 傳球給 D 後跑向 D 的位置，D 傳球給接應的 F 後跑向 F 的位置。F 傳球給跑到 A 位置的 C 後跑向 E 的位置。如此連續進行傳球，要求一腳出球。（圖 85）

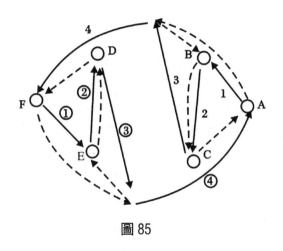

圖 85

19. 用兩個球同時開始傳球，A 傳球給 B 後反向跑動接應，B 傳球給接應的 A 後跑向 A 的位置，A 傳球給跑到 D 位置上的 E 後跑向 F 的位置，F 跑向 E 的位置。D 與 A 同時傳球給 E 後反向跑動接應，E 傳球給接應的 D 後跑向 D 的位置，D 傳球給跑到 A 位置上的 B 後跑向 C 的位置，C 跑向 B 的位置。如此連續進行傳球，要求一腳出球。（圖 86）

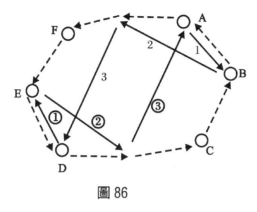

圖 86

20. 用兩個球同時進行傳球，A 傳球給 B 後插上接應，B 傳球給 C 後跑向 C 的位置，C 傳球給插上接應的 A 後跑向 A 的位置，A 傳球給跑到 D 位置上的 F 後跑向 B 的位置，F 傳給跑到 E 位置上的 D。E 與 A 同時傳球給 F 後插上接應，F 傳球給 D 後跑向 D 的位置，D 傳球給插上的 E 後跑向 E 的位置，E 傳球給跑到 C 位置上的 B，B 傳球給跑到 A 位置上的 C，C 再開始進行下一輪傳球。如此連續進行傳球。要求一腳出球。（圖 87）

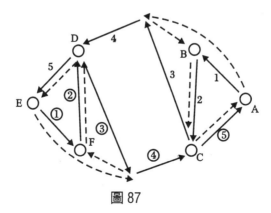

圖 87

21. 用兩個球同時進行傳球。A傳球給B後插上接應，B傳球給接應的A打「二過一」配合後跑向E的位置，A傳球給E後插上接應，E傳球給接應的A打「二過一」配合後跑向F的位置，A傳球給跑到F位置的E後跑向D的位置。

F與A同時傳球給D後插上接應。D傳球給接應的F打「二過一」配合後跑向C的位置，F傳球給C後插上接應，C傳球給接應的F打「二過一」配合後跑向A的位置，F傳球給跑到A位置的C後跑向B的位置，C再傳球給跑到B位置的F，開始進行下一輪傳球。如此連續進行傳球。要求一腳出球。（圖88）

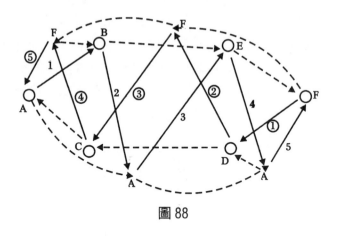

圖88

22. 用兩個球同時進行傳球，A傳球給B後插上接應，B傳球給E後跑向E的位置，E傳球給接應的A後跑向A的位置，A傳球給跑到C位置的F。A到B的位置。

C與A同時傳球給D後插上接應，D傳球給F後跑向

F的位置，F傳球給接應的C後跑向C的位置，C傳球給跑到A位置的E，C到D的位置，E再如此連續進行傳球。要求一腳出球。（圖89）

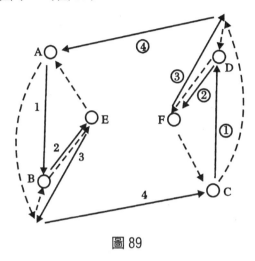

圖89

23. 用兩個球同時開始傳球，A傳球給C後插上接應，B跑向A的位置，C傳球給接應的A後跑向B的位置，A傳球給跑到E位置上的F後跑到C的位置。

E與A同時傳球給D後插上接應，F跑向E的位置，D傳球給接應的E後跑向F的位置。E傳球給跑到A位置的B後跑向D的位置。如此進行連續的傳球，要求一腳出球。（圖90）

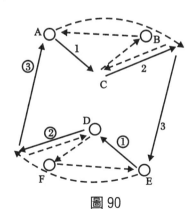

圖90

二、傳接球訓練方法

24. 用兩個球同時進行傳球，A 傳球給 B 後插上接應，B 傳球給 E 後跑向 A 的位置，E 傳球給接應的 A，A 傳球給迎上接應的 F 後跑上接應，F 傳球給接應的 A 後跑向 B 的位置，A 傳球給跑到 C 位置的 D 後跑向 F 的位置。

C 與 A 同時傳球給 D 後插上接應，D 傳球給 F 後跑向 C 的位置，F 傳球給插上接應的 C，C 傳球給迎上接應的 E 跑上接應，E 傳球給接應的 C 後跑向 D 的位置，C 傳球給跑到 A 位置的 B 後跑向 E 的位置。如此進行連續的傳球，要求一腳出球。（圖 91）

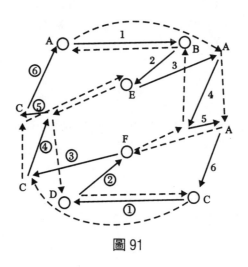

圖 91

25. 用兩球同時進行傳球，A 傳球給 B 後跑上接應，B 傳球給 A 後跑向 A 的位置，A 傳球給 C 後跑向 C 的位置，C 傳球給跑到 D 位置的 E 後跑向 B 的位置。

D 與 A 同時傳球給 E 後跑上接應，E 傳球給 D 後跑向 D 的位置，D 傳球給 F 後跑向 F 的位置，F 傳球給跑到 A

位置的 B 後跑向 E 的位置。如此進行連續傳球，要求一腳
出球。（圖 92）

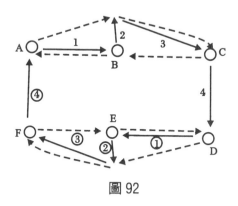

圖 92

26. 用兩個球同時進行傳球，A 傳球給 B 後跑上接應，
B 傳球給接應的 A 後跑向 A 的位置，A 傳球給 C 後斜線跑
動接應，C 傳球給接應的 A 後跑向 B 的位置，A 傳球給跑
到 D 位置上的 E 後跑向 C 的位置。

D 與 A 同時傳球給 E 後跑上接應，E 傳球給接應的 D
後跑向 D 的位置，D
傳球給 F 後斜線跑動
接應，F 傳球給 D 後
跑向 E 的位置，D 傳
球給跑到 A 位置的 B
後跑向 F 的位置。如
此進行連續的傳球，
要求一腳出球。（圖
93）

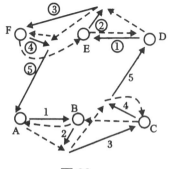

圖 93

27.用兩個球同時進行傳球，A傳球給B後跑上接應，B傳球給接應的A後跑向A的位置，A傳球給C後跑向C的位置，C傳球給跑到F位置的E後跑向B的位置。

F與A同時傳球給E後跑上接應，E傳球給接應的F後跑向F的位置，F傳球給D後跑向D的位置，D傳球給跑到A位置上的B後跑向E的位置。如此進行連續的傳球，要求一腳出球。（圖94）

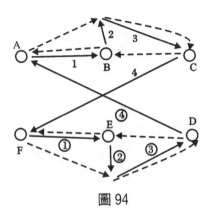

圖94

28.用兩個球同時進行傳球，A傳球給B後插上接應，F跑向A的位置，B傳球給接應的A後跑向C的位置，A傳球給E後跑上接應，E傳球給接應的A後跑向F的位置，A傳球給跑到D位置上的C後跑向E的位置。

D與A同時傳球給E後插上接應，C跑向D的位置，E傳球給接應D，D傳球給B後跑上接應，B傳球給接應的D後跑向C的位置，D傳球給跑到A位置上的F後跑向B的位置。如此進行連續的傳球。要求一腳出球。（圖95）

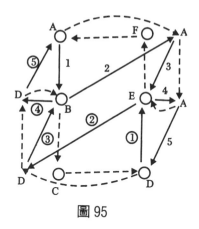

圖 95

29. 用兩個球同時進行傳球，B 傳球給 E 後跑上接應，E 傳球給接應的 B，B 傳球給 D 後跑向 D 的位置。

C 與 B 同時傳球給 F 後跑上接應，F 傳球給接應的 C，C 傳球給 A 後跑向 A 的位置。如此進行連續的傳球，要求一腳出球。六人定時輪換位置。（圖 96）

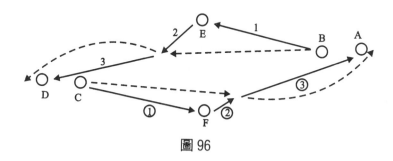

圖 96

30. 用兩個球同時進行傳球，B 傳球給 C 後插上接應，C 傳球給 D，D 傳球給接應的 B，B 傳球給 F 後跑向 F 的位置。（圖 97）

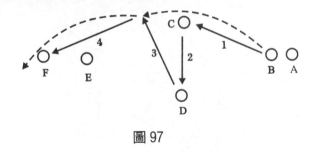

圖97

　　E與B同時傳球給D後插上接應，D傳球給C，C傳球給接應的E，E傳球給A後跑向A的位置。（圖98）如此進行連續傳球，要求一腳出球，定時輪換六人位置。

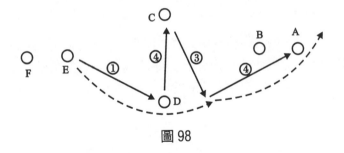

圖98

　　31. 用兩個球同時傳球，A傳球給B後跑上接應，B傳球給C後插上接應，C傳球給接應的A後跑向A的位置，A傳球給插上接應的B後跑向C的位置，B傳球給跑到F位置的D後跑向E的位置。（圖99）

　　F與A同時傳球給E後跑上接應，E傳球給D後插上接應，D傳球給接應的F後跑向F的位置，F傳給插上接應的E後跑向D的位置，E傳球給跑到A位置的C後跑向B的位置。（圖100）如此進行連續傳球。要求一腳出球。

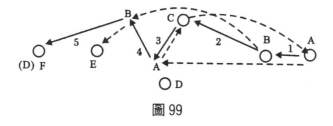

圖 99

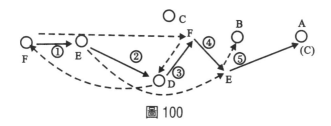

圖 100

32. 用兩個球同時進行傳球，B 傳球給 F，F 回傳 B 後跑上接應，B 傳球給接應的 F 後跑向 A 的身後，F 傳球給 D 後回到原位。C 與 B 同時傳球給 E，E 回傳 C 後跑上接應，C 傳球給接應的 E 後跑向 D 的身後，E 傳球給 A 後回到原位。如此連續進行傳球，要求一腳出球，定時交換六人位置。（圖 101）

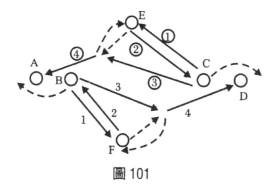

圖 101

33. 用兩個球同時傳球，A傳過頂球給 B（過 E 頭）B 墊給 E 後跑上接應，E 傳給接應的 B 後跑向 D 的位置，B 傳球給 A 後跑向 E 的位置。

C 與 A 同時傳過頂球給 D（過 F 頭頂），D 墊傳給 F 後跑上接應，F 傳給接應的 D 後跑向 B 的位置，D 傳球給 C 後跑向 F 的位置。如此連續進行傳球，要求一腳出球，定時交換六人的位置。（圖 102）

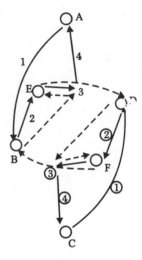

圖 102

34. 用三個球同時傳球，B、D、F 同時開始運球，然後分別回傳給 A、C、E 後 B 跑向 C 的位置，D 跑向 E 的位置，F 跑向 A 的位置，A、C、E 再開始運球、回傳，如此連續進行傳球。（圖 103）

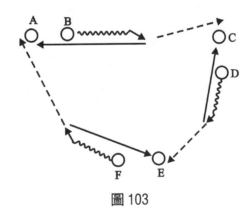

圖 103

(七)八人傳接球

1.用兩個球同時傳球，B 傳球給 H 後跑上接應，H 傳球給 B，B 傳球給 E 後跑上接應，E 傳球給 B，B 傳球給 D 後跑向 D 的位置。（圖 104）

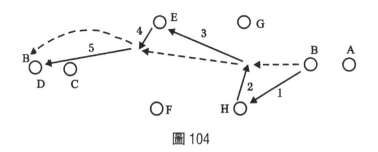

圖 104

C 與 B 同時傳球給 F 後跑上接應，F 傳球給 C，C 傳球給 G 後跑上接應，G 傳球給 C，C 傳球給 A 後跑向 A 的位置。（圖 105）D、A 按上述方法繼續進行傳球，連續進行，要求一腳出球。定時交換八人位置。

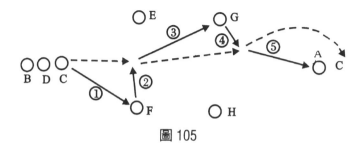

圖 105

2. 用兩個球同時傳球，B 傳球給 E 後跑向 F 位置，E 接球轉身運球過人（過 F）後傳球給 D，E 跑向 D 的位置，F 跑向 E 的位置。

C 與 B 同時傳球給 G 後跑向 H 的位置，G 接球轉身運球過人（過 H）後傳球給 A，H 跑向 G 的位置，G 跑向 A 的位置。D、A 按上述方法繼續傳球，連續進行。定時交換八人位置。（圖 106）

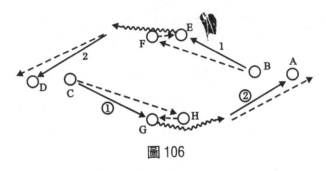

圖 106

3. 用兩個球同時傳球，B 傳球給 E（F 漏球）後跑上接應，F 漏球後轉身插上接應，E 傳球給接應的 B 後跑向 F 的位置，B 傳球給插上接應的 F 後跑向 D 的位置，F 傳球給 D 後跑向 E 的位置。

C 與 B 同時傳球給 H（G 漏球）後跑上接應，G 漏球後轉身插上接應，H 傳球給接應的 C 後跑向 G 的位置，C 傳球給插上接應的 G 後跑向 A 的位置，G 傳球給 A 後跑向 H 的位置。D、A 按上述方法繼續傳球，連續進行，要求一腳出球。定時變換八人位置。（圖 107）

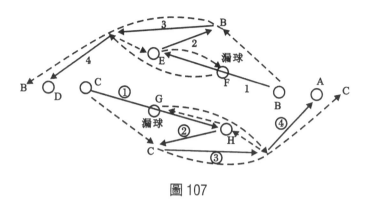

圖 107

4. 用兩個球同時傳球，B 傳球給 D 後插上接應，D 傳球給 C 後跑向 C 的位置，C 傳球給插上接應的 B 後跑向 D 的位置，B 傳球給 F 後跑向 F 的位置。E 與 B 同時傳球給 H 後插上接應，H 傳球給 G 後跑向 G 的位置，G 傳球給插上的 E 後跑向 H 的位置，E 傳球給 A 後跑向 A 的位置。F、A 按上述方法繼續傳球，連續進行，要求一腳出球。定時交換八人位置。（圖 108）

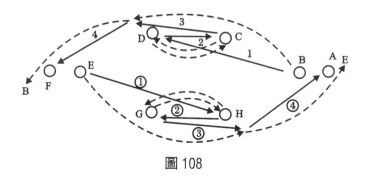

圖 108

5. 用兩個球同時傳球，B 傳球給 C 後跑上接應，C 傳球給 D 後插上接應，D 傳球給接應的 B 後跑向 C 的位置，B 傳球給插上接應的 C 後跑向 D 的位置，C 傳球給 F 後跑向 F 的位置。E 與 B 同時傳球給 G 後跑上接應，G 傳球給 H 後插上接應，H 傳球給接應的 E 後跑向 G 的位置，E 傳球給插上的 G 後跑向 H 的位置，G 傳球給 A 後跑向 A 的位置。F、A 按上述方法繼續傳球，連續進行，要求一腳出球。定時交換八人位置。（圖 109）

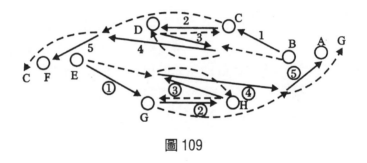

圖 109

6. 用兩個球同時傳球，B 傳球給 E 後插上接應，E 傳球給 F 後跑向 F 的位置，F 傳球給插上的 B 後跑向 E 的位置，B 傳球給 D 後跑向 D 的位置。

C 與 B 同時傳球給 H 後插上接應，H 傳球給 G 後跑向 G 的位置，G 傳球給插上的 C 後跑向 H 的位置，C 傳球給 A 後跑向 A 的位置。D、A 按上述方法繼續傳球，連續進行，要求一腳出球。定時交換八人位置。（圖 110）

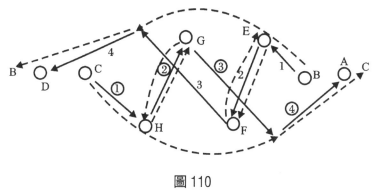

圖 110

　　7. 用兩個球同時傳球，B 傳球給 E 後插上接應，E 傳球給 F 後跑向 F 的位置，F 傳球給插上的 B 後跑向 E 的位置，B 傳球給 D 後跑向 D 的位置。

　　C 與 B 同時傳球給 H 後插上接應，H 傳球給 G 後跑向 G 的位置，G 傳球給插上的 C 後跑向 H 的位置，C 傳球給 A 後跑向 A 的位置。D、A 按上述方法繼續傳球，連續進行。要求一腳出球，定時變換八人位置。（圖 111）

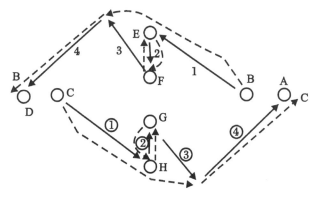

圖 111

8. 用兩個球同時傳球，B 傳球給 E 後跑上接應，E 回傳給 B 後跑向 F 的位置，B 傳球給 F 後插上接應，F 傳球給 B 後跑向 E 的位置，B 傳球給 D 後跑向 D 的位置。

C 與 B 同時傳球給 H 後跑上接應，H 回傳給 C 後跑向 G 的位置，C 傳球給 G 後插上接應，G 傳球給接應的 C 後跑向 H 的位置，C 傳球給 A 後跑向 A 的位置。D、A 按上述方法繼續傳球，連續進行。要求一腳出球，定時交換八人位置。（圖 112）

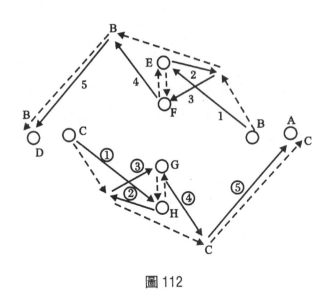

圖 112

9. 用兩個球同時傳球，B 傳球給 C 後跑上接應，C 傳球給 D 後套邊插上接應，D 傳球給接應的 B 後跑向 C 的位置，B 傳球給插上接應的 C 後跑向 D 的位置，C 傳球給 F 後跑向 F 的位置。

E 與 B 同時傳球給 G 後跑上接應，G 傳球給 H 後套邊插上，H 傳球給接應的 E 後跑向 G 的位置，E 傳球給插上接應的 G 後跑向 H 的位置，G 傳球給 A 後跑向 A 的位置，F、A 按上述方法繼續傳球，連續進行，要求一腳出球。（圖 113）

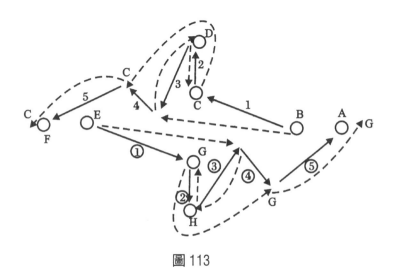

圖 113

10. 用兩個球同時傳球，H 傳球給 A 後跑上接應，A 傳球給 H 後跑上接應，H 傳球給 A 後跑向 B 的位置，B 跑向 A 的位置，A 傳球給 C 後跑上接應，C 傳球給 A 後插上接應，A 傳球給插上的 C 後跑向 C 的位置，C 傳球給跑到 E 位置的 F 後跑向 D 的位置。

D 與 H 同時傳球給 E 後跑上接應，E 傳球給 D 後跑上接應，D 傳球給 E 後跑向 F 的位置，F 跑向 E 的位置，E 傳球給 G 後跑上接應，G 傳球給 E 後插上接應，E 傳球給插

上的 G 後跑向 G 的位置，G 傳球給跑到 A 位置的 B 後跑向 H 的位置。

F、B 按上述方法繼續傳球，連續進行，要求一腳出球。（圖 114）

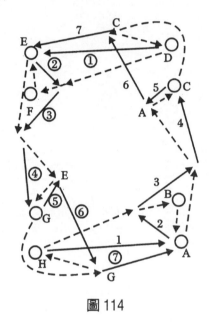

圖 114

11. 用四個球同時傳球，A、C、E、G 同時傳球給 B、D、F、H 後跑上接應，B、D、F、H 傳球給接應的 A、C、E、G 後跑向 A、C、E、G 的位置，A、C、E、G 傳球給跑到 A、C、E、G 位置的 B、D、F、H 後跑向 B、D、F、H 的位置，如此連續進行傳球。要求一腳出球。（圖 115）

12. 用四個球同時傳球，B、D、F、H 同時運球，A、C、E、G 跑上接應，B、D、F、H 傳球給接應的 A、C、E、G 後跑向 A、C、E、G 的位置，A、C、E、G 傳球給跑

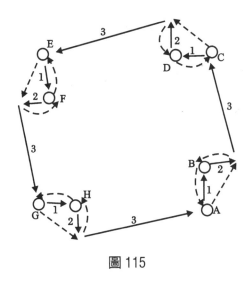

圖 115

到 D、F、H、B 位置上的 C、E、G、A 後跑向 B、D、F、
H 的位置，如此連續進行傳球。（圖 116）

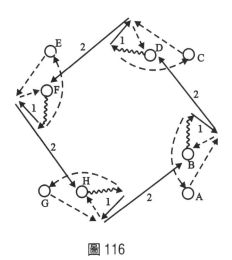

圖 116

二、傳接球訓練方法

13. 用四個球同時傳球，A、B、C、D同時傳球給迎上接應F、E、G、H，F、E、G、H接球轉身運球傳給C、D、A、B。

C、D、A、B再繼續按上述方法傳球，連續進行（圖117）定時交換八人位置。

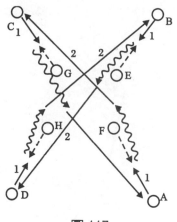

圖 117

14. 用四個球同時傳球，A、B、C、D同時傳球給G、H、F、E，G、H、F、E運球通過中間區域把球傳給C、D、A、B後接他們的回傳球再把球運回來傳給A、B、C、D。如此連續進行，定時交換八人位置。（圖118）

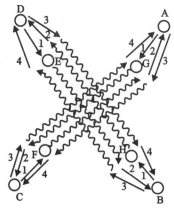

圖 118

三、射門訓練方法

在巴西培訓期間，射門訓練是技術訓練的主要內容之一，在訓練時數的安排上僅次於傳接球訓練，巴西主教練採用局部配合射門和全隊配合射門等方法進行配合射門訓練。要求射門配合的準確、連續、快速、實用，特別是要求射門的準確性。 這些局部和全隊配合的射門訓練，體現了巴西的技術風格。

(一)局部配合射門訓練

1. 三人配合射門

①A 傳球給 C 後斜線向右路插上，B 向左路斜插接應，C 傳球給斜插接應的 B（也可傳給接應的 A 由 A 射門），B 射門，要求傳球準確，力爭一腳出球，射門打在門框之內。定時交換三人位置。（圖 119）

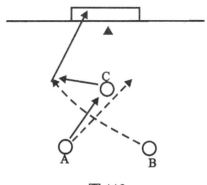

圖 119

②A 長傳球給 C，C 傳球給插上接應的 B，B 射門。要求同①。（圖 120）

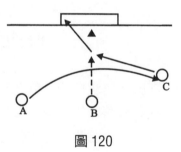

圖 120

③A 傳過頂球給 B（過 C 頭頂）後向右路斜插接應，B 一腳出球回敲給 C，C 傳球給插上接應的 A，A 射門。（圖 121）

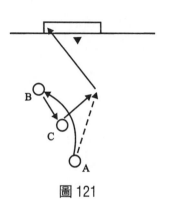

圖 121

另一種練習方法是 C 傳球給插上接應的 A 後斜線插上接應，接 A 的傳球後射門。（圖 122）

上述練習要求同①。

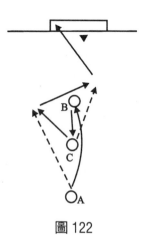

圖 122

④A 傳球給向前接應的 B 後從 B 身後插上接應。B 傳球給前插的 C 後插上接應，C 接球射門或傳球給插上接應的 B、A，由 B、A 搶點射門。要求同①。（圖 123）

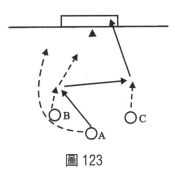

圖 123

⑤A 傳球給 B 後從 C 的身後插上接應，B 傳球給向前接應的 C 後向前接應，C 傳球給接應的 B，B 斜傳給邊線接應的 A，A 邊路傳中由插上的 B、C 搶點射門。要求同①（圖 124）

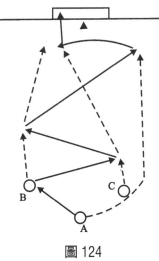

圖 124

　　⑥A 斜線運球與斜向跑動的 C 做交叉，A 踩球給 C，C 斜線運球與斜向跑動的 B 做交叉，C 踩球給 B，由 B 射門或傳給插上接應的 A、C。由 A、C 射門。要求同①。（圖 125）

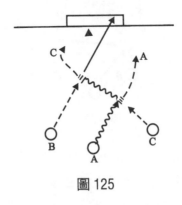

圖 125

　　⑦A 與 B 做「二過一」配合射門後，再接 C 的邊路傳中射門。要求同①（圖 126）

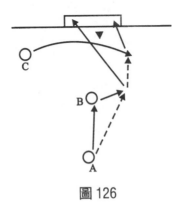

圖 126

⑧A 傳球給 B 後從 C 的身後向邊路斜插，B 傳球給 C 後快速插上接應，C 傳球給邊路前插的 A 後快速前插接應，A 邊路傳中（越過人牆車），B、C 搶點射門。要求同①（圖 127）

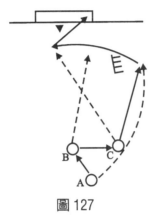

圖 127

另一種練習方法如（圖 128）所示，由 B 傳給邊路斜插的 A，A 邊路傳中（越過人牆車），由前插的 B、C 搶點射門。要求同①。

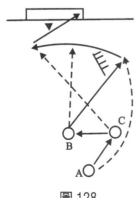

圖 128

⑨A 傳球給 B 後從 B 身後前插，B 傳球給 C 後向右路插上，C 傳球給前插的 A 後向中路快速插上，A 傳球給向右路插上的 B 後向中路快速插上，B 接球後下底傳中（越過人牆車），由快速插上的 A、C 搶點射門。要求同①。（圖 129）

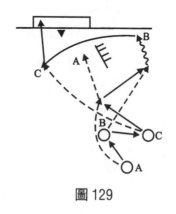

圖 129

⑩在 1/2 足球場上放置兩個相對的球門相距 40 公尺，由在 A、C 位置上的球員分別向在 B 位置上的球員傳中，由 B 位置上的球員射門。要求同①。定時交換三人位置。（圖 130）

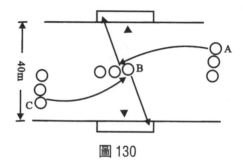

圖 130

⑪球門放置方法同⑩相距 50 公尺，由在 A 和 C 位置上的球員分別長傳球給在 B、D 位置上的球員，B、D 位置上的球員接球後快速運球射門。要求同①。定時交換三人位置。（圖 131）

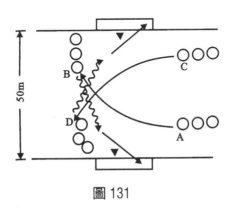

圖 131

2. 四人配合射門

①A 從邊路長傳球給 B，B 一腳出球墊給 D 後從 D 身後插上接應，D 橫傳給 C 後從 C 身後插上接應，C 傳球給插上的 B，B 傳球給插上的 D，D 射門。要求傳球準確，力爭一腳出球，射門打在門框之內，定時交換四人位置。（圖 132）

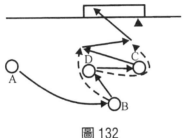

圖 132

第二種練習方法是：A 從邊路長傳給 C，C 一腳出球回敲給 B，B 傳球給 D 後從 C 身後插上接應，D 傳球給接應的 B，B 射門，要求同上。（圖 133）

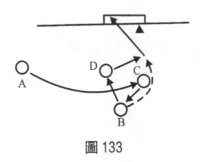

圖 133

第三種練習方法是：A 從邊路長傳給 B，B 一腳出球墊給 C 後從 C 身後插上接應，C 橫傳給 D，D 傳球給插上的 B，B 射門。要求同上。（圖 134）

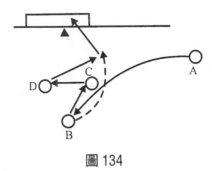

圖 134

②A 長傳給 B，B 向前運球、傳球給 C 後插上接應，C 傳球給 D，D 傳球給插上的 B，B 射門。要求同①。（圖 135）

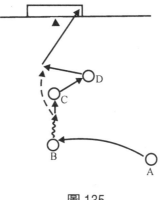

圖 135

③A 長傳球給 C 後快速插上接應，B 起動插上接應，C
與 D 打「二過一」，C 接 D 的傳球後邊路傳中，A、B 搶
點射門。要求同①。（圖 136）

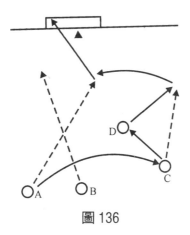

圖 136

④A 長傳給 B 後斜向跑動接應，B 長傳給 C，C 一腳出
球墊給接應的 A，C 與 A 打「二過一」接 A 傳球後邊路長

傳給 D，D 一腳出球橫向墊給插上接應的 A，A 射門。要
求同①。（圖 137）

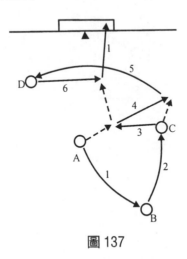

圖 137

⑤用兩個球進行練習。A 從邊路長傳給 B，B 一腳出
球墊給 D，D 射門。C 從邊路長傳給 D，D 一腳出球墊給
B，B 射門。要求同①。每個位置可安排多人進行連續練
習。（圖 138）

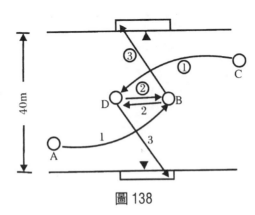

圖 138

⑥用兩個球進行練習。A傳球給C與C打「二過一」，A接C傳球後射門。B傳球給D與D打「二過一」，B接D傳球後射門。要求同①。每個位置可安排多人進行連續練習。（圖139）

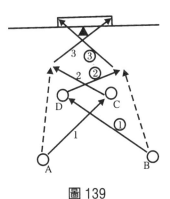

圖139

⑦用兩個球進行練習。A長傳球給B，B傳球給迎上接應的C後快速迎前插到門前，C傳給插上的B，B射門。

C與A同時傳球給D，D傳球給迎上接應的A後快速前插到門前，A傳球給插上的D，D射門。

要求同①。每個位置可安排多人進行連續練習。（圖140）

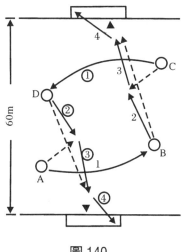

圖140

91

三、射門訓練方法

3. 多人配合射門

①在 D 位置上的球員插上接應，A 傳球給 D，D 接球射門後繼續前插，B 傳球給 D，D 射門後繼續前插，C 傳球給 D，D 射門。要求傳球準確，力爭一腳出球，射門要打在門框之內，定時變換每個人的位置。（圖 141）

②用兩個球進行練習。B 傳球給 E，D 漏球後轉身插上接應，E 傳球給接應的 D，D 射門。

A 傳球給 E，C 漏球後轉身插上接應，E 傳球給接應的 C，C 射門。

要求同①。各位置可安排多名球員連續進行練習。（圖142）

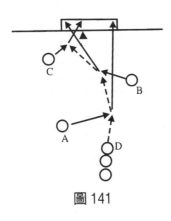

圖 141

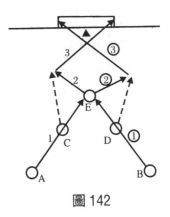

圖 142

③如圖所示，在球門前擺放三組標誌，在每組標誌後面安排若干名球員。各組球員依次做運球繞過標誌後射門。球員射門後跑到下一組隊尾，連續進行射門練習。（圖 143）

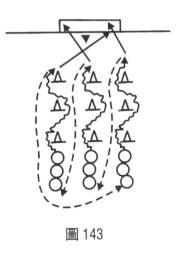

圖143

　　④用兩個球進行練習，Ａ長傳球給Ｃ後快速插上接應，Ｃ一腳出球墊給Ｄ，與Ｄ打「二過一」，Ｄ傳球給插上接應的Ｃ，Ｃ運球下底傳中（越過人牆車），插上接應的Ａ搶點射門。Ｂ、Ｆ、Ｅ在左路進行同樣的配合射門。要求同①。各位置可安排多名球員連續進行射門練習。一側的射門結束後另一側再開始。定時交換兩側球員。（圖144）

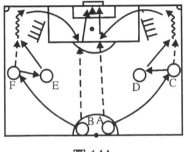

圖144

⑤用兩個球進行練習。A 傳給 B 後斜向跑動接應，B 長傳給邊路的 C，C 與接應的 A 打「二過一」，A 傳球給 C 後快速插上接應，C 傳球給禁區前沿的 D，D 傳球給插上的 A，A 射門。F、E、G 和 D 在左路進行同樣的配合射門。要求同①。各位置可安排多名球員連續進行射門練習。一側的射門結束後另一側再開始。定時替換 D，定時交換兩側球員。（圖 145）

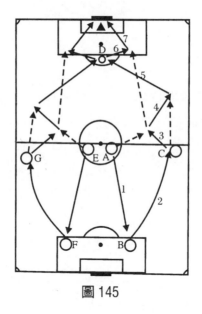

圖 145

⑥用兩個球進行練習。在後場的 A 長傳給中場的 E，E 長傳給 C 後前插接應，C 邊路傳中（越過人牆車），E 搶點射門。

B 長傳給 F，F 長傳給 D 後前插接應，D 邊路傳中（越過人牆車），F 搶點射門。

要求同①。各位置可安排多名球員連續進行練習。一側的射門結束後另一側再開始。定時交換球員位置，定時交換兩側球員。（圖146）

⑦用兩個球進行練習。在後場的 A 長傳球給中場的 B，B 長傳球給右邊路的 C 後快速前插接應，C 運球邊路傳中，B 搶點射門。

在另一側進行同樣的配合射門。後場的 D 長傳球給中場的 E，E 長傳給右邊路的 F 後快速前插接應，F 運球邊路傳中，E 搶點射門。

要求同①。各位置可安排多名球員連續進行射門練習。定時變換站位，改右路傳中，左路插上射門為左路傳中，右路插上射門。（圖147）

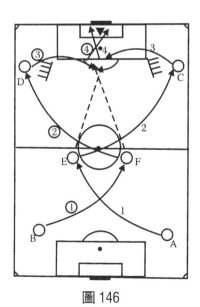

圖 146　　　　　　　圖 147

三、射門訓練方法

　　⑧用兩個球進行練習。在 A 位置上的球員長傳球給從 B 位置向前接應的球員後跑向 B 位置，B 位置球員長傳球給 C 位置球員後快速前插接應，C 位置球員邊路傳中，B 位置球員搶點射門後跑向 D 位置。

　　D 位置球員與 A 位置球員同時開始長傳球給向前接應的 E 位置球員後跑向 E 位置，E 位置球員長傳給 F 位置的球員後快速前插接應，F 位置球員邊路傳中，E 位置球員搶點射門後跑向 A 位置。

　　要求同①。連續進行射門練習。定時替換 C、F 位置上的球員；定時變右路傳中為左路傳中。（圖 148）

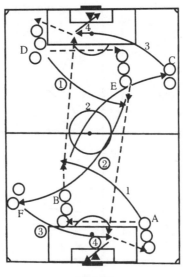

圖 148

⑨用四個球進行練習。在中場安排四組球員，每組若干人。在兩個邊路各安排一組球員若干人。如圖所示。在 A′ 位置上的球員長傳球給從 B′ 位置上向前接應的球員，B′ 位置球員傳球給從 C′ 位置上前插接應的球員，C′ 位置的球員射門。這時在 D′ 位置上的球員邊路傳中給從 E′ 位置上向前接應的球員，該球員橫傳給從 F′ 位置上前插接應的球員，F′ 位置球員射門。

　D、E、F 和 A、B、C 同樣做上述的配合射門。要求同①。定時交換各組位置。（圖 149）

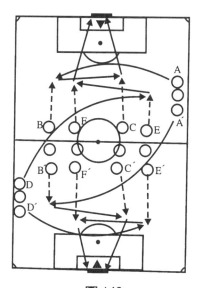

圖 149

⑩加防守的射門練習。用兩個球進行練習。在左、右邊路各設一組標誌,標誌後安排一組球員若干人。在前場安排兩組球員,每組若干人。在球門線後安排兩組防守隊員,每組若干人。如圖所示,A位置上的球員運球繞過標誌,B、C位置上的球員插上接應,E、F位置上的防守球員跑向防守位置,A位置球員邊路傳中,B、C位置球員搶點射門,E、F位置球員搶點破壞。

之後,D位置上的球員同樣與B、C位置上的球員進行配合射門,E、F位置上的球員進行防守。如此連續進行練習。要求同①。定時交換各組位置。(圖150)

⑪加防守的射門練習。用兩個球進行練習。如圖所示,A傳球給繞過標誌接應的B,中路的C、D、E前插接應,M、N位置上的防守球員跑向防守位置。B邊路傳中,C、D、E搶點射門,防守隊員搶點破壞。

之後,F、G同樣進行配合,邊路傳中,中路C、D、E搶點射門,防守隊員進行破壞。要求同①。各位置可安排多名球員連續進行練習。定時交換位置。(圖151)

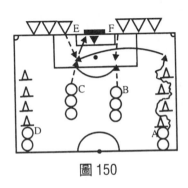

圖150

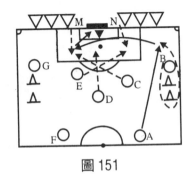

圖151

⑫用兩個球進行練習。A傳球給B後快速前插接應，B回傳球給C，C長傳球給插上的A，A運球、射門。

左路F、E、D做同樣的配合射門。

要求同①。一側射門後另一側再開始，每個位置可安排多名球員連續進行射門練習。定時交換位置。（圖152）

⑬用兩個球進行練習。A傳球給B後快速前插接應，B傳球給C，C斜傳給插上的A，A射門。

左路D、E、F也做同樣的配合射門。

要求同①。一側射門後另一側再開始。每個位置可安排多名球員連續進行射門練習。定時交換位置。（圖153）

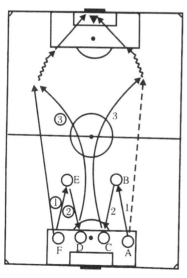

圖152

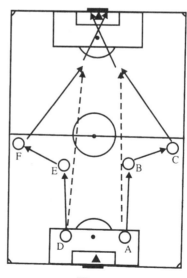

圖153

⑭用兩個球進行練習。A傳球給B，B傳球給C與C打「二過一」，B接C的傳球後運球下底傳中，D、H在中路搶點射門。

左路E、F、G與H、D也做同樣的配合射門。

要求同①。一側射門後另一側再開始。每個位置可安排多名球員連續進行射門練習。定時交換位置。（圖154）

⑮用兩個球進行練習。A傳球給B，D跑上接應，B傳球給D，D漏球給C後返身插上，B與C打「二過一」接C傳球後傳球給插上的D，D射門。

在左路E、F、G和C進行同樣的配合射門練習。

要求同①。一側射門後另一側再開始。每個位置可安排多名球員連續進行射門練習。定時交換位置。（圖155）

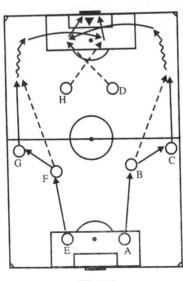

圖154

圖155

⑯用兩個球進行練習。

　守門員長傳給 A，A 傳球給 B 後沿邊路插上接應，B 傳球給迎上接應的 C 後向門前插上，C 傳球給邊路插上的 A，A 邊路傳中，B、C 搶點射門。

　另一名守門員將球長傳給 D，D 長傳給 E，E 傳給接應的 F，F 運球、射門。

　要求同①。定時交換每組球員的位置，定時交換兩組球員的進攻方向。每個位置可安排多名球員連續進行射門練習。（圖 156）

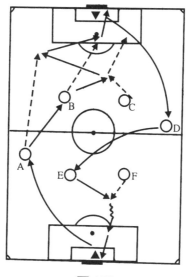

圖 156

(二)全隊配合射門訓練

1. 全隊按陣型站位，用兩個球練習

A 長傳球給邊路的 B，B 傳球給 C，C 傳球給前場的 D，M 迎上接應漏球後返身前插門前，D 接球射門或傳給插上的 M 由 M 射門。

另一側 E、F、G、H 和 N 做同樣的配合射門練習。

要求傳球準確，力爭一腳出球，射門要打在門框之內。可以在每個位置上安排兩至三名球員，連續進行射門練習。一側射門後，另一側再開始。定時變換兩側球員位置。（圖157）

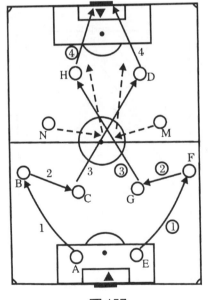

圖 157

2. 全隊按陣型站位，用兩個球進行練習

A長傳球給邊路的B，B傳球給迎上接應的D後沿邊路前插，D傳球給迎上接應的C，C傳球給邊路插上的B，B運球下底傳中，E、N搶點射門。

另一側F、G、H、M做同樣的配合，由N、E搶點射門。

要求同①。每個位置安排兩至三名球員連續進行射門練習。一側射門後另一側再開始。定時交換兩側球員位置。（圖158）

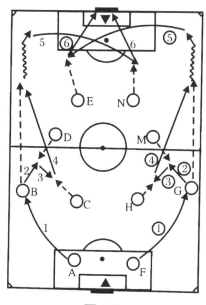

圖 158

3. 全隊按陣型站位，用兩個球進行練習

A 長傳球給邊路的 B，B 傳球給插上接應的 C，C 傳球給 D，E 從後面快速前插，D 傳球給前插的 E，E 射門。

另一側 F、G、H、M、N 做同樣的配合射門練習。

要求同①。每個位置安排兩至三名球員連續進行射門練習。一側射門後另一側再開始。定時交換兩側球員位置。（圖 159）

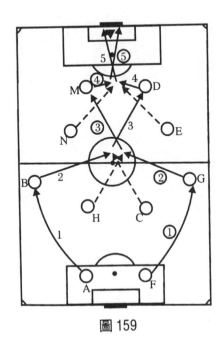

圖 159

4. 全隊按陣型站位，用兩個球進行練習

A 長傳球給邊路的 B，B 傳球給向前接應的 C，C 傳球給 D 後向前插上，D 傳球給迎上接應的 E，E 傳球給插上的 C，C 射門。

另一側 F、G、H、M、N 做同樣的配合射門練習。

要求同①。每個位置可安排兩至三名球員連續進行射門練習。一側射門後，另一側再開始。定時交換兩側球員的位置。（圖 160）

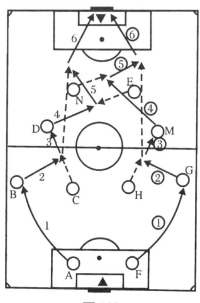

圖 160

5. 全隊按陣型站位，用兩個球進行練習

A 長傳球給邊路的 B，B 傳球給 C，C 傳球給 D，E 迎上接應漏球後返身前插門前，F 向門前快速插上，D 傳球給 E 或 F，E 或 F 射門。射門後跑回原位置。

另一側 G、H、M、E、D、N 做同樣的配合射門練習。

要求同①。每個位置可安排兩至三名球員連續進行射門練習。一側射門後，另一側再開始。定時交換兩側球員的位置。（圖 161）

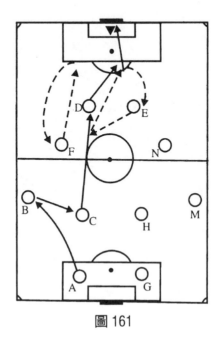

圖 161

6. 全隊按陣型站位，用兩個球進行練習

A 傳球給 B，B 傳球給 D 後插上接應，C 向前接應，D 傳球給接應的 C 後向門前插上，C 傳球給插上接應的 B，B 傳中，D、E、F 搶點射門。射門後跑回原位置。

另一側 G、H、M、N 和 E、F 做同樣的配合射門練習。

要求同①。每個位置可安排兩至三名球員連續進行射門練習，一側射門後另一側再開始。定時交換兩側球員位置。（圖162）

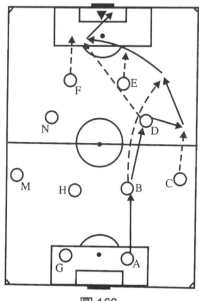

圖 162

7. 全隊按陣型站位，用兩個球進行練習

A 傳球給 B，B 傳球給沿邊路插上接應的 C，C 運球下底傳中，D、H、M 搶點射門。射門後跑回原位置。

另一側 E、F、G 和 D、H、M 做同樣的配合射門練習。N 和 A、E 輪換做第一腳傳球。

要求同①。每個位置可安排兩至三名球員連續進行射門練習。一側射門後另一側再開始。定時交換兩側球員位置。（圖 163）

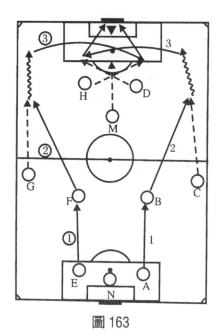

圖 163

8. 全隊按陣型站位，用兩個球進行練習

A 傳球給邊路的 B，B 傳球給 C，C 傳給迎上接應的 D，D 與 E 打「二過一」，E 傳球給接應的 D，D 傳球給向前接應的 F，D 與 F 打「二過一」D 插上接 F 的傳球射門。射門後跑回原位置。

另一側 G、M、H 和 D、E、F 做同樣的配合射門練習。N 和 A、G 輪流傳第一腳球。

要求同①。每個位置可安排兩至三名球員連續進行射門練習。一側射門後另一側再開始。定時交換兩側球員位置。（圖 164）

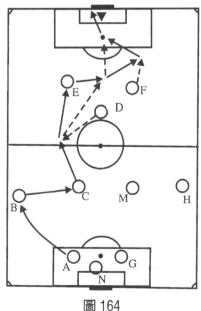

圖 164

9. 全隊按陣型站位，用兩個球進行練習

A 傳球給 B，B 傳球給 C 後沿邊路插上接應，C 傳給迎上接應的 D 後快速前插接應，D 傳球給沿邊路插上的 B 後返身向門前插上接應，B 傳球給快速前插的 C，C 傳球給向球門插上的 H 或 M 或 D，由 H 或 M 或 D 射門。射門後跑回原位置。

另一側 E、G、F 和 H、M、D 做同樣的配合射門練習。N 和 A、E 輪換做第一腳傳球。

要求同①。每個位置可安排兩至三名球員連續進行射門練習。一側射門後另一側再開始。定時交換兩側球員位置。（圖 165）

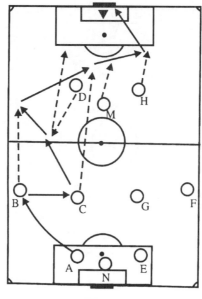

圖 165

10. 全隊按陣型站位，每個位置兩至三人，用兩個球進行練習

①A 長傳球給邊路的 B，B 傳球給接應的 C，C 傳球給 D 與 D 打「二過一」，D 傳給插上接應的 C，C 射門。D 跑向 C 的位置，C 射門後跑向 H 的位置。

另一側 E、F 和 G、H 做同樣的配合射門和跑位。（圖 166）

C、D、G、H 四個位置上的球員有五種配合射門的練習方法。

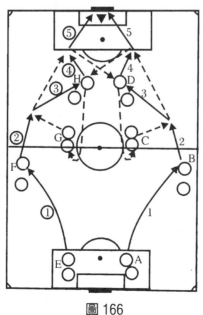

圖 166

②Ｃ接球後傳給迎上接應的Ｈ與Ｈ打「二過一」，Ｃ接Ｈ傳球後傳給Ｄ，Ｃ從Ｈ身後向門前插上接應，Ｄ傳球給Ｃ，Ｃ射門。射門後跑位方法同上。（圖 167）

圖 167

③Ｃ接球後傳給Ｄ，Ｃ向門前插上接應，Ｄ傳球給橫向接應的Ｈ後從Ｈ身後向門前插上，Ｈ傳球給插上的Ｃ，Ｃ傳給插到門前的Ｄ，Ｄ射門。射門後的跑位方法同上。（圖 168）

圖 168

④Ｃ接球後傳給迎上接應的Ｈ，Ｄ上前接應漏球給Ｈ後返身向門前插上接應，Ｈ回傳給向前接應的Ｃ，Ｃ傳球給插到門前的Ｄ，Ｄ射門。射門後的跑位方法同上。（圖169）

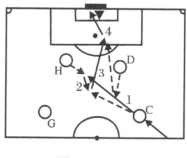

圖 169

⑤Ｃ接球後傳給迎上接應的Ｈ，Ｄ上前接應漏球給Ｈ後返身向門前插上，Ｈ接球後快速向門前運球突然踩球給跟上的Ｄ，Ｄ射門。射門後的跑位方法同上。（圖170）

上述配合射門練習要求同①，兩側的前場配合射門，由Ｃ、Ｄ、Ｈ、Ｇ四個位置上的球員完成，一側射門後另一側再開始。定時交換兩側球員位置。

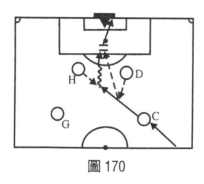

圖 170

四、實戰性對抗訓練方法

巴西教練組在對我隊進行的兩年培訓中,始終堅持訓練與實戰相結合,在巴西大好的足球環境中我隊得到了大量的實戰機會,兩年中共打比賽 221 場,對手絕大部分是職業、半職業俱樂部同齡球隊,比賽品質有保證,球員實戰經驗和能力得到很大提高。

在訓練中巴西主教練對實戰性的對抗訓練十分重視,每次技術課都要安排三分之一以上的時間進行實戰性對抗訓練。進行傳接球訓練和射門訓練時基本不加防守(僅射門訓練中有時加防守),主教練認為不加防守可以更好地提高傳接球和射門的準確性,使訓練更流暢、連貫,藉以提高球員配合和射門的意識,但是,傳接球和射門的技術和能力又必須放到實戰中去體會、去發揮、去檢驗。所以要給球員安排大量的多種多樣的實戰性對抗訓練。這些訓練對提高球員在實戰中運用技術的能力有很大的作用。

(一)小分隊比賽

場地:40m×40m

人數:9V9

時間:45 分鐘

要求:第一個 15 分鐘一腳出球,第二個 15 分鐘兩腳出球,第三個 15 分鐘自由。

說明:斷球後和射門時可加一腳。根據情況比賽人數可增減。場地如圖示,加一個活動球門。(圖 171)

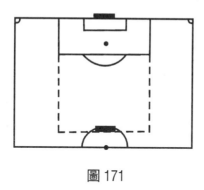

圖 171

（二）三隊三門比賽

場地：1/2 足球場

人數：9V9V9

時間：45 分鐘

要求：三個隊比賽，每方各守一個球門，進攻兩個球門。各隊設一名守門員。每 15 分鐘輪轉換防球門。

說明：比賽人數可增減，可以限制腳數。場地如圖示。加兩個活動球門。（圖 172）

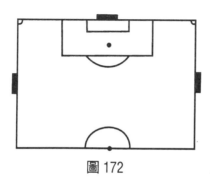

圖 172

(三)方形傳搶

場地：20m×20m

人數：5V5

時間：20分鐘

要求：場內 3V3，場外各設兩名接應球員，站在邊線外不得進場。場內球員傳搶時可傳給場外接應球員，該球員必須一腳出球傳回場內球員。

說明：場內球員傳搶可限腳數或不限腳數。場內人數可增減，時間可增減。（圖 173）

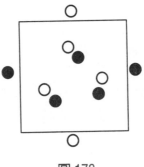

圖 173

(四)三隊擂臺賽

場地：50m×25m

人數：每隊 7 人

球門：5.5m×2m

時間：60分鐘

要求：7V7 比賽。10 分鐘內負者下臺，首局打平抽籤

下臺，其他局打平原在場上者下臺。

　　說明：場地、球門可改變。時間、人數可增減，可限制腳數或不限腳數。

(五)四個球門比賽

　　場地：1/2 足球場

　　人數：9V9

　　球門：寬 2m，擺放標誌桶或插角旗。

　　時間：45 分鐘

　　要求：9V9 比賽，不設守門員。

　　說明：時間、人數可增減，可限制腳數或不限腳數。（圖 174）

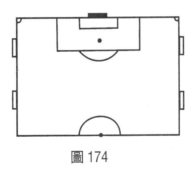

圖 174

(六)半場分隊比賽

　　場地：1/2 足球場

　　人數：11V11

　　時間：60 分鐘。

　　要求：11V11 比賽。第一個 15 分鐘限一腳出球，第二

個 15 分鐘限兩腳出球，最後 30 分鐘自由。

說明：場地如圖示，在中線處加活動球門。時間、人數可增減。可不限腳數。（圖 175）

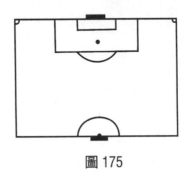

圖 175

(七)三隊攻守轉換

場地：70m×50m

人數：6V6V6

時間：45 分鐘

要求：半場內一隊防守，一隊進攻。另一半場內一隊準備。攻守的半場內，攻方進球則轉向另一半場繼續進攻，另一半場內準備的隊進行防守，原防守的隊留下做準備；守方得球則轉向另一半場內進攻，攻方原地防守反搶，如搶到球則繼續轉為進攻，如搶不到球防守方組織進攻通過中場，則另一半場準備的隊進行防守，原進攻的隊留下做準備。不設守門員。

說明：場地、人數、時間都可變化，可限腳數或不限腳數。（圖 176）

（八）兩隊四門比賽

場地：50m×60m

人數：9V9

時間：60分鐘

球門：寬兩公尺，放標誌或旗

要求：一方防守 A、B 兩個球門，另一方防守 C、D 兩個球門。不設守門員，可進攻任一球門。

說明：場地、球門、人數、時間可以改變。可限腳數或不限腳數。（圖 177）

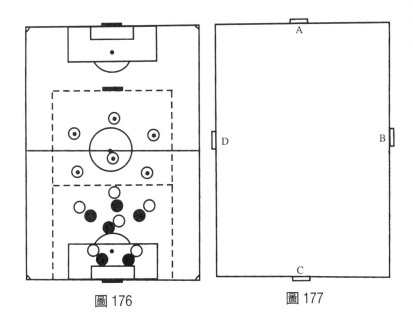

圖 176　　　　　　　　　　圖 177

(九)兩隊六門比賽

場地：1/2 足球場

人數：9V9

時間：45 分鐘

球門：寬 1 公尺，放標誌或插旗

要求：每隊各守三個球門，不設守門員，可進攻任一球門。

說明：場地、球門、人數、時間可以變化，可限腳數或不限腳數。（圖 178）

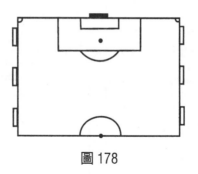

圖 178

(十)兩隊八門比賽

場地：如圖示在 1/2 足球場上設置 A、B 兩個場地。兩條虛線之間為界外。

球門：在 A、B 場地上各設四個球門，球門寬 1 公尺，放標誌或插旗。

人數：A 場 5V5，B 場 5V5

時間：45分鐘

要求：每隊10人，分別在A、B場地，每個場地5人，防守兩個場地本方的四個球門，不設守門員。用兩個球在兩個場地比賽，可以把球轉移給另一場地上的同隊隊員。可以進攻任一球門。轉移球必須從空中進入另一場地，地面球爲出界。

說明：人數和時間可以變化。當一個場地上有兩個球時比賽照常進行，任一球成死球時（進球、出界、犯規等）該球交給另一場地的轉移球方的對方開球門球。（圖179）

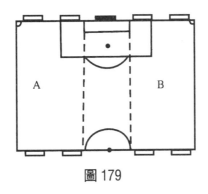

圖179

(十一)半場攻守轉換

場地：1/2足球場

人數：11V11

時間：45分鐘

要求：教練員站在開球位置，由教練員把球開給進攻方開始進攻。進攻方進球，由教練員在開球位置開球給進

攻方繼續進攻，進攻方射門不進球，球出底線，由教練員開球給防守方轉爲進攻。進攻方射門守門員或防守方碰球出底線，攻方罰角球。比賽中球出邊線擲界外球。比賽中防守方得球要經過一腳向球門反方向的長傳球後才能轉爲進攻。比賽沒有越位限制。

說明：時間、人數可以變化。可限腳數或不限腳數，可以有越位限制。（圖 180）

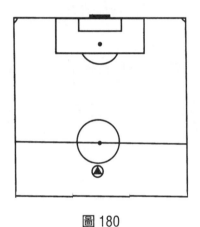

圖 180

(十二)1/2場地一個球門比賽

場地：1/2 足球場

人數：11∨11

時間：60 分鐘（每半時 30′）

要求：兩名教練員站在開球位置，由一名教練員開球給攻方開始進攻。攻方進球由教練員開球繼續進攻。

比賽中守方得球要由組織把球傳到開球位置教練員的腳下，再接教練員開球轉為進攻。其他一切按正式規則進行，包括越位元、角球、球門球、界外球等。

說明：時間、人數可變化。可限腳數或不限腳數。（圖181）

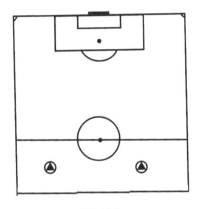

圖 181

(十三)小場分隊比賽

場地：從禁區延線到中線和半場邊線之間。

人數：9V9

球門：寬兩公尺，放標誌或插旗。

時間：40分鐘

要求：一腳出球10分鐘，兩腳出球10分鐘，自由20分鐘。不設守門員。

說明：時間、人數可變化。（圖182）

四、實戰性對抗訓練方法

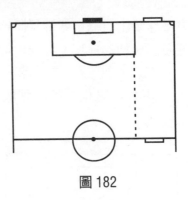

圖 182

(十四) 1/4場地分隊比賽

場地：1/4足球場。

人數：11 V 11

時間：40分鐘

球門：放兩個活動球門。

要求：限兩腳出球 20 分鐘，自由 20 分鐘。

說明：時間、人數可以變化，可不限腳數。（圖 183）

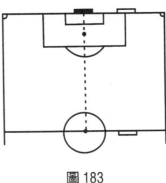

圖 183

五、定位球戰術配合訓練方法

巴西主教練十分重視定位球的戰術配合訓練，設計了許多巧妙的戰術配合，一些出人意料的配合在比賽實戰中取得了很好的效果。

實踐證明合理、巧妙、有效的定位球戰術配合，是撕開對方防線獲得射門得分機會的重要手段。

(一)任意球戰術配合

1. A 主罰任意球撥給身邊的 B，B 假做射門把球傳給快速插上接應的 C，C 射門。（圖 184）

另一種配合方法：方法同上，當 B 假做射門時把球傳給快速插上接應的 C，C 把球回傳給 B，B 射門。（圖 185）

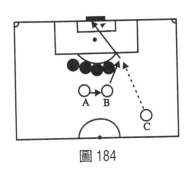

圖 184

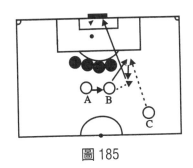

圖 185

2. A 站在罰球點佯裝主罰以吸引對方注意力，B 從對方人牆處走向罰球點，A 走向能避開人牆射門的位置，B 突然傳球給 A，A 射門。（圖 186）

另一種配合方法：方法同上，當 B 突然傳球給 A 後，A 傳球給從邊路快速插上的 C，C 射門。（圖 187）

3. A 主罰任意球，突然撥球給 B，A 繞過 B 身邊向斜前方插上，B 傳球給插上接應的 C，C 傳球給插上接應的 A 或 D，由 A 或 D 射門。（圖 188）

另一種配合方法：方法同上，當 C 接 B 的傳球時把球傳向右邊路快速插上接應的 E，由 E 傳中，C、D 搶點射門，或由 E 直接射門。（圖 189）

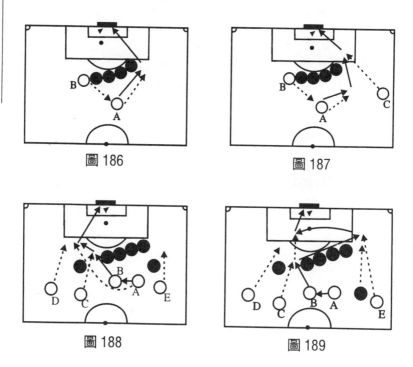

圖 186　　　　　　　　圖 187

圖 188　　　　　　　　圖 189

4.A主罰任意球，撥給B，B傳球給從右邊路快速插上的C，C下底傳中，D、E、F搶點射門。（圖190）

另一種配合方法：A主罰任意球，B走向人牆邊，A突然給B傳直線球，B從人牆身後斜插接球後傳中，D、E、F搶點射門。（圖191）

5.A主罰任意球，傳球給C，C回傳給A，A傳給從右邊快速插上的B，B傳中，D、E搶點射門。（圖192）

另一種配合方法：A傳球給C並迅速跟上，C踩住球，跟上的A傳球給右邊快速插上的B，B傳中，D、E搶點射門。（圖193）

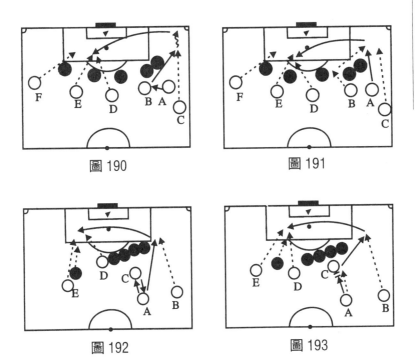

圖 190　　　　　　　　　圖 191

圖 192　　　　　　　　　圖 193

五、定位球戰術配合訓練方法

6. A 主罰任意球，C 走上前假做與 A 配合，A 突然把球傳向人牆一側，站在人牆前的 B 快速轉身插上順勢射門。（圖 194）

7. A 主罰任意球，踢出弧線球繞過人牆，由右路插上的 B、C、D、E 搶點射門。（圖 195）

8. A 站在罰球點，B 上前假做和 A 爭罰任意球的動作，A 推開 B 堅持由自己來主罰，B 做出不高興的樣子走向人牆邊，A 突然把球傳向人牆另一側，B 從人牆後斜插接球傳中或射門。（圖 196）

另一種配合方法：方法同上，A 突然把球傳向 B 走向的人牆一側，B 迅速射門或傳中。（圖 197）

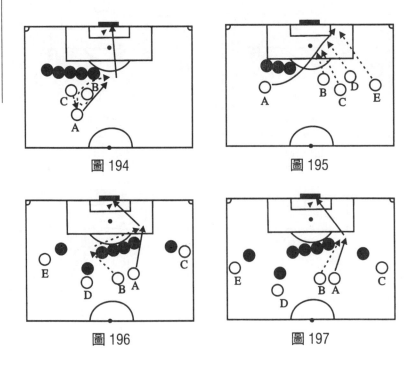

圖 194　　　　　　　　　圖 195

圖 196　　　　　　　　　圖 197

9. A 站在罰球點上做出主罰的樣子，B 從對方人牆處走向罰球點要罰球，並做出分腿彎腰擺球的動作，A 突然從 B 身後胯下將球捅出，B 趕上球起腳射門。（圖 198）

10. A 主罰任意球，B 擠站在對方人牆中，在 A 起腳時突然閃開（或下蹲）讓 A 利用這個空隙射門。（圖 199）

11. A 主罰任意球，對方沒排人牆，B 迎上來接應球，A 把球傳給向邊路斜插接應的 C，C 下底傳中，D 搶點射門。（圖 200）

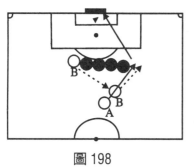

圖 198

圖 199

圖 200

(二)角球戰術配合

巴西主教練要求，在發進攻的角球時，球員在對方球門前站位要形成斜線攻擊隊形，以擴大攻擊面造成多點包抄攻門的局面。（圖 201）

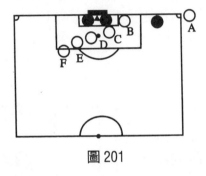

圖 201

1. A 發角球給近點 B，B 頭球後蹭，C、D、E、F 門前搶點攻門。

要求：B、C、D、E、F 在對方球門前形成斜線攻擊隊形。（圖 202）

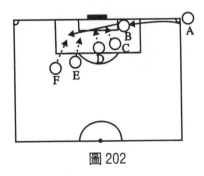

圖 202

A發出落點在點球附近的弧線球，C、D、E、F成扇形攻擊球門。（圖203）

圖203

A發遠點給F，F頭球頂到門前，E、D、C、B成扇形攻擊球門。（圖204）

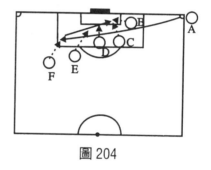

圖204

2. A準備發角球，B和C向兩個方向跑動接應，A發球給C，C傳球給前插門前的D或E，由D、E搶點射門。（圖205）

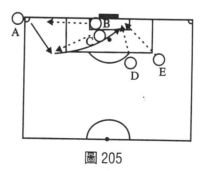

圖205

另一種配合方法：方法同上，A 發球給 B，B 回傳給進場接應的 A，A 傳球給迎上接應的 F，F 傳球給插上的 E 或 D，由 E、D 搶點射門。（圖 206）

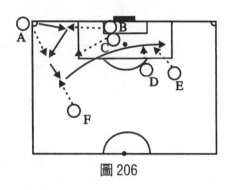

圖 206

3. A 做出準備發角球的樣子，B 向角球區走去，A 沿底線向場內走，B 突然跑上去把球發給 A，A 立即傳給 D 或 C，由 D、C 搶點射門。（圖 207）

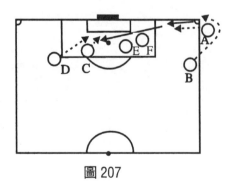

圖 207

巴西主教練要求在防守角球時最重要的是搶佔門前的危險位置和盯人防守，特別是對後插上的進攻球員的盯防。同時在防守角球時還要埋下快速反擊的兵力，只安排七名球員擔任防守任務，另三名球員準備一旦得球立即發起快速反擊。這三名進攻球員可牽制對方四至五名防守隊員，如只在中線留一人，其他球員都回到門前防守，對方就可以只留兩人防守，其他球員都可放心大膽地投入進攻，這對我們的防守和快速反擊都是不利的。

防守角球站位示意圖：

F站在角球限制線後阻擋和干擾對方發角球的球員同時防守對方發戰術角球。

A和B防守前後門柱，另四人在禁區內盯防對方球員，特別要注意盯防對方後面插上的隊員。

C是前腰，站在禁區週邊等待本隊破壞出來的球，拿球後迅速發動反擊（C所站的位置是防守隊員破壞對方角球的預定位置，條件允許情況下儘量把球踢或頂到這個位置）。

D、E是兩名前鋒，他們遊動在中線本方半場內，隨時準備對對方發起攻擊。（圖208）

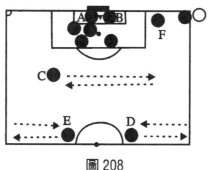

圖208

（三）擲界外球戰術配合

1. A 擲界外球，B 迎上接球，C 向右斜插接球，A 擲球給 C。

要求：B 迎上接球時要大聲要球，吸引對方注意力。（圖 209）

圖 209

另一種配合方法：方法同上，A 擲球給迎上接球的 B。

要求：C 向右斜插時大聲要球，吸引對方注意力。（圖 210）

圖 210

2. A 擲界外球，C 向左側斜插接球，B 迎上接球，B 突
然橫向接球，A 擲球給 B。

要求：C 大聲呼喊要球，吸引對方注意力。（圖 211）

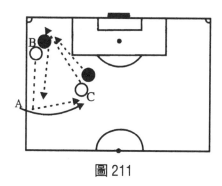

圖 211

另一種配合方法：A 擲界外球，C 迎上接球，B 沿邊
路前插接球，B 突然橫向接球，A 擲球給 B。

要求：C 大聲呼喊要球，吸引對方注意力。（圖 212）

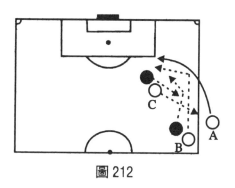

圖 212

3. A 擲界外球，C 迎上接球，B 同時迎上接球，B 突然
變向沿邊路前插要球，A 擲球給 B。

要求：C大聲呼喊要球，吸引對方注意力。（圖213）。

4. A站在邊線外做出要擲界外球的樣子，B跑過來要擲界外球，A把球交給B後跑向場內，這時D向斜前方插上接球，C迎上接球，B擲球給跑到位置的A。

要求：C、D大聲呼喊要球，吸引對方注意力。（圖214）

5. A擲界外球，D斜插接球，C迎上接球，A擲球給從中路向前斜插的B。

要求：C、D大聲呼喊要球，吸引對方注意力。（圖215）

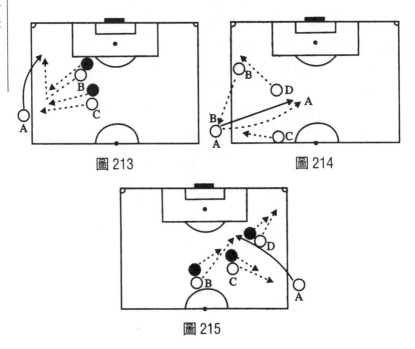

圖213　　　　圖214

圖215

(四)中圈開球戰術配合

巴西主教練主張中圈開球要向前打，不向後傳，以爭取開球後的主動。

1.A在中圈開球傳給B，B傳給插上的C，C傳給沿右邊路插上的D，形成開球後迅速從右路進攻的局面。（圖216）

另一種配合方法：方法同上，由C將球傳給沿左邊路插上的E，形成左路進攻局面。（圖217）

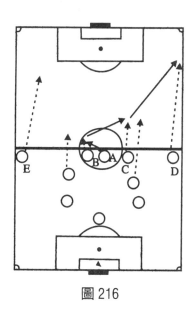

圖216

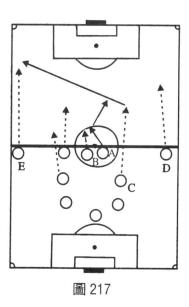

圖217

2. A 在中圈開球，傳給 B，B 傳球給左路插上的 C，C 傳給右路向前插上的 D，由 D 傳給沿右邊路插上的 E 或左邊路插上的 F，或傳給從中路繼續插上的 C，形成開球後從中路進攻，或從中路進攻再轉入邊路進攻的局面。（圖 218）

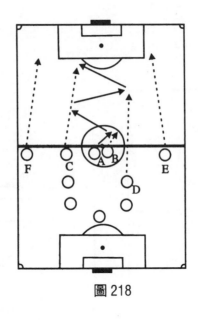

圖 218

六、比賽陣型及攻防要求

巴西主教練認為一支球隊所採用的陣型，應根據本隊球員的特點，以發揮本隊球員的最大潛力為目的，同時還要針對對方球隊的特點，以便最大限度地抑制對方能力的發揮。

在巴西兩年培訓期間，我隊在所參加的各種比賽中採用了包括 4—2—2—2；3-4-3；3-5-2；4-2-3-1 等多種陣型，對發揮我隊球員的個人能力和提高全隊的整體實力起了很好的作用。

現就巴西主教練對我隊採用 4—2—2—2 陣型和 3—5—2 陣型時的攻防要求簡要介紹如下：

（一）4—2—2—2陣型

1.4—2—2—2陣型排列

四名後衛：

右邊後衛 2 號，左邊後衛 4 號，右中後衛 3 號，左中後衛 5 號。

四名前衛：

兩名後腰 6 號、9 號；兩名前衛 7 號、11 號。

兩名前鋒：8 號、10 號。（圖 219）

巴西主教練告訴我們，這種陣型也是當時巴西國家隊經常採用的陣型。我隊之所以採用這種陣型是因為有兩名攻擊能力較強的前鋒球員和兩名組織能力和進攻能力都較好的兩名前衛。而我隊的防守能力較差，缺少個人防守能

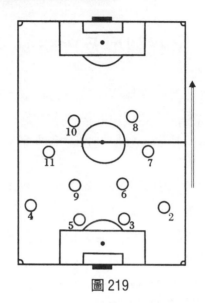

圖 219

力突出的球員，因此必須由加強協防來解決這個問題，安排四名後衛，特別是在中路防守的兩名中後衛前面安排兩名後腰球員，做為中路防守的屏障。

2. 防守要求

在防守中要求相互協防、保護和補位元，創造在局部區域內以多防少的有利局面。

四名後衛採用區域防守結合盯人的方法，兩名中後衛基本上平行站位，但是當一名中後衛頂上去防守時，另一名中後衛要在側後保護並協防。

兩個邊後衛要卡死在邊路上對方的進攻球員，一旦被突破時要與中後衛交叉換位，由中後衛補防。要求後衛的防守要積極、主動，採取頂上去防守的行動減少對方活動的時間和空間，力爭不後退把對方頂在外面。

兩名後腰是中路防守要害區域的屏障，他們要盯死對方前場進攻的組織者，切斷或破壞對方的傳球路線，阻擊對方的遠射，協助中後衛的防守。同時兩名後腰還是全隊由守轉攻的樞紐，他們要接應後衛防守成功搶斷後的傳球，發起全隊的由守轉攻。

　　全隊由攻轉守時第一時間的就地反搶是至關重要的，反搶成功並迅速發起第二次攻擊對對方是致命的打擊。反搶不成功時全隊要迅速防守到位，兩個前衛和兩個前鋒也要回到本方半場的防守位置，協助和參與全隊防守，但不能退得太深，要隨時準備轉入由守轉攻，發起對對方的攻擊。

　　防守時全隊活動路線如（圖 220）所示。

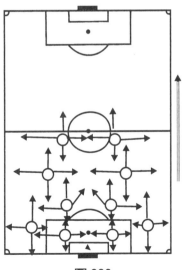

圖 220

3. 進攻要求

　　全隊在進攻中要透過密切合作，協調組織，積極地穿插跑位接應，準確、有效地傳接配合，形成局部區域內以多打少的有利局勢，創造並把握住攻擊對方球門的機會，爭取比賽的勝利。

　　全隊由守轉攻時要迅速拉開形成攻擊隊形，後衛要及時壓上縮小全隊縱向距離。邊後衛要大膽參與進攻，起到一名邊鋒的作用，要求一側的邊後衛上去助攻，另一側邊後衛要留在後衛線上，不能兩個邊後衛都上去助攻。兩名後腰要及時跟進，與兩個前衛形成組織、調度前場進攻的發動機，特別兩個前衛要起到組織、策應兩名前鋒對球門的有效攻擊。兩名前鋒要大範圍地穿插跑位，撕破對方防線，在對方後衛緊逼時採用交叉換位、回撤接球、向邊路拉開等方法取得進攻主動權。四名攻擊球員（兩名前衛兩名前鋒）要善於製造機會和把握機會，為全隊比賽的勝利付出自己最大的努力。

　　進攻時全隊活動路線如（圖 221）所示。

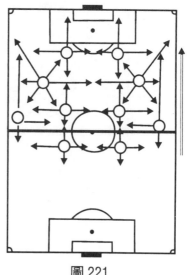

圖 221

(二) 3—5—2 陣型

1. 3—5—2 陣型排列

三名後衛

一名拖後中衛 3 號，兩名盯人後衛 2 號、4 號。

五名前衛

兩名後腰：8 號、9 號，兩名邊前衛：5 號、6 號，一名前腰：10 號。

兩名前鋒：7 號、11 號（圖 222）

巴西主教練說 3—5—2 陣型是目前世界上最流行的陣型之一，它的特點是強化了兩名邊前衛的作用，擴大了邊路的攻防轉換，從而加強了中場的控制與爭奪。這個陣型對兩名邊前衛和三名後衛的能力提出了更高的要求。

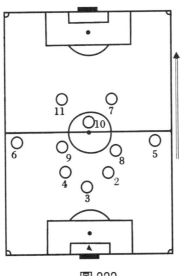

圖 222

2. 防守要求

3—5—2 陣型的防守主要以盯人防守為主，結合區域防守和相互間的協防。

全隊由攻轉守的第一時間強調就地反搶，並迅速進入盯人防守，要求對位盯人。全隊只有前腰（10 號）和拖後中衛（3 號）實行機動防守，不具體盯人，前腰負責在中前場防守中機動補位，拖後中衛在後場防守中機動補位。

全隊在防守狀態下要保持快速反擊的機動兵力，要求兩個前鋒站在中線兩邊拉開並牽制對方的防線，前腰不要退得的太深，隨時準備組織反擊，這三名隊員的站位要起牽制和干擾對方進攻兵力投入的作用。

全隊防守的活動路線如（圖 223）所示。

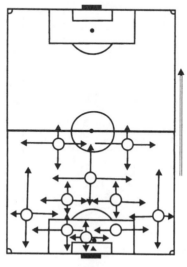

圖 223

3. 進攻要求

全隊由守轉攻時要迅速展開攻擊隊形，兩名後腰及時接應後場防守成功搶斷的球，發動反擊。進入前場兩名後腰和前腰形成中前場組織、調度進攻的核心力量。

要充分發揮兩個邊前衛的作用，利用邊路的寬闊空檔發起攻擊。要求兩個邊前衛攻要上得去，守要回得來。

要求兩名前鋒和一名前腰要充分發揮攻擊能力，採用大範圍的穿插跑位突破對方防線，創造並把握進球機會，爭取比賽勝利。全隊進攻的活動路線如（圖224）所示。

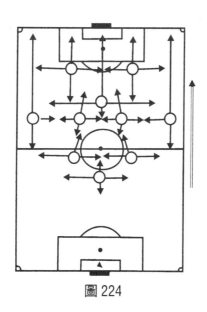

圖224

4. 巴西主教練對比賽的要求

①要打控制球：他認為在比賽中對球的控制權是最重要的，往往一場比賽中獲得控球權多的球隊最後能取得勝

利。因此，他要求在比賽中要牢牢把握控球權，爭取不失去控球權或少失去控球權，堅持打控制球。

②要打短傳配合：為把握控球權不輕易丟球，他要求打短傳配合，多打地面配合少打長傳沖吊，因為長傳容易丟球失去控球權，當場上出現轉移需要時，要求長傳要準確，減少丟球。

③要控制比賽節奏：為在比賽中掌握控球權，就要控制好比賽節奏，當獲得控球權由守轉攻時，出現快攻機會要堅決打快攻，敢於傳出致命的威脅球。不能打快攻時要放慢節奏，由準確、熟練地短傳配合來調動對方、撕開防線、尋找和創造戰機。牢牢地控制球能消耗對方的體能，消磨對方鬥志；增強本隊的信心，保存自己的體力，在雙方相持的狀態下逐步取得優勢。

他認為能控制好比賽節奏是一支球隊成熟的標誌，也是球員個人能力的綜合體現，在兩年的培訓中他一直堅持培養我隊控制比賽節奏的能力。

七、守門員訓練方法

在我們的巴西教練組配備了經驗豐富、專業水準很高、訓練認真負責的守門員教練，他們採用巴西式的靈活、多樣的守門員訓練方法對我們的守門員進行培訓。

巴西守門員教練非常重視守門員的手法和步法的訓練，特別堅持要從小抓好這方面的訓練，打牢基礎，使他們有正確的接球手法和靈活的移動步法。他們的訓練手段豐富，訓練方法靈活、多樣，技術訓練與身體訓練和實戰鍛鍊結合緊密。為我隊守門員能力的提高打下了堅實的基礎。

(一)撲接球訓練

1. 一組守門員進行練習，每人手持一球，第一個守門員將球傳給教練，教練踢（拋）近門柱下角球，守門員撲接球後回到排尾，下一個守門員繼續進行，如此連續進行練習。（圖225）

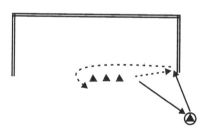

圖 225

同上練習，教練員踢（拋）近門柱上角球，守門員撲
接後回排尾，連續進行練習。（圖226）

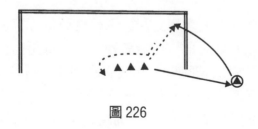

圖 226

同上練習，教練員踢（拋）遠門柱下角球，守門員撲
接球後回排尾，連續進行練習。（圖227）

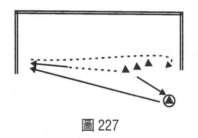

圖 227

同上練習，教練員踢（拋）遠門柱上角球，守門員撲
接後回排尾，連續進行練習。（圖228）

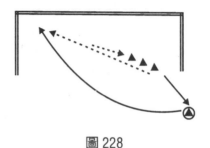

圖 228

2. 教練員用三個球，第一個球踢出地面球給守門員正面。第二個球踢（拋）左（右）球柱下角球。第三個球踢（拋）右（左）門柱上角球。

要求：守門員每次撲接球後迅速回位，做好撲接下一個球的準備，三個球連續進行。（圖229）

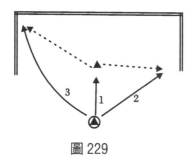

圖229

3. 教練員站在一側門柱前準備射門，守門員先向遠門柱做側滑步移動，摸到門柱後迅速返回向近門柱移動準備接球，教練員踢（拋）近門柱下角球，守門員撲接球。

要求：守門員移動要快速、控制好重心，注意觀察。（圖230）

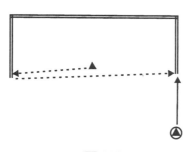

圖230

4. 兩名教練站在兩個門柱前準備射門，守門員站在球門中間準備接球。一名教練踢（拋）出近門柱下角球，守門員撲接球後迅速移動撲接另一名教練踢（拋）出的遠門柱下角球。（圖 231）

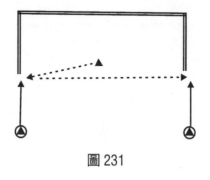

圖 231

同上練習，守門員在撲接兩側門柱下角球時把球撲出界外。（圖 232）

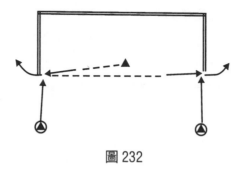

圖 232

5. 兩名教練站在門前兩側，分別踢（拋）出上角高球，守門員依次將球擊出界外。（圖 233）

要求：守門員向兩側移動的步法要協調靈活。可用單或雙拳擊球，也可托球。

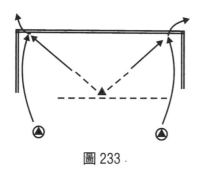

圖233

6. 三名教練分別站在球門前的兩側和中間，守門員先撲接一側教練踢出的近門柱下角球，然後再撲接中間教練踢出的中路地面球，然後再撲接另一側教練踢出的遠門柱下角球。（圖234）

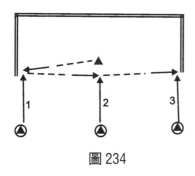

圖234

7. 教練員站在一側球門柱前，守門員移動向前先摸到教練手中的球。然後迅速向側後移動，擊（托）出教練拋

出的遠門柱上角球。（圖 235）

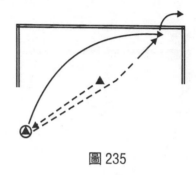

圖 235

另一種練習方法：教練站在球門前，守門員移動向前摸到教練手中的球後迅速向後移動，擊（托）出教練拋出的球門橫樑下方的球。（圖 236）

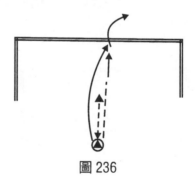

圖 236

8. 教練站在門前射門，連續向守門員兩側踢球，守門員連續向兩側撲接球，每次接到的球要立即回傳給教練。（圖 237）

要求：守門員連續撲接 20 個球。

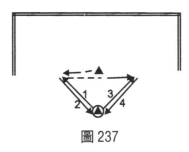

圖 237

9. 在禁區線上擺放十個球，教練連續將球射向球門兩側下角，守門員連續撲接球。（圖 238）

要求：守門員移動、撲接要迅速、靈活。教練要掌握射兩個球間隔的時間。

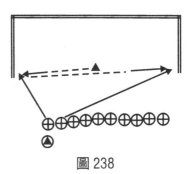

圖 238

10. 在禁區內點球附近擺放一排標誌，教練在禁區之外射門，球打在標誌上改變方向，守門員迅速撲接球。（圖239）

圖 239

11. 在球門區內站幾名球員爭頂高球，教練員在禁區外或角球區向球員頭上傳球，守門員出擊將球接住或擊出。（圖 240）

要求： 開始球員先做對守門員出擊的干擾動作，逐步過渡到與守門員積極爭頂。

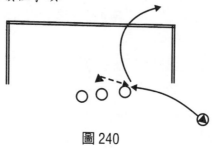

圖 240

12. 教練在禁區外罰直接任意球，守門員指揮排人牆（或擺放人牆車），守門員撲接任意球。（圖 241）

要求： 守門員要判斷好人牆兩側、上方和人牆中穿出的球，接住或擊出。

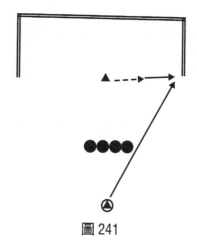

圖 241

13. 在禁區內點球附近擺放標誌，教練在邊路做 45°傳中，守門員衝出標誌區外接或擊球。（圖 242）

要求：守門員要先判斷好球的飛行線路、落點、再出擊。

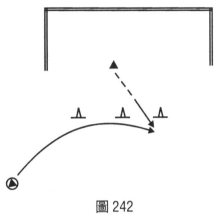

圖 242

14. 教練員從邊路射門，踢出近門柱下角球，守門員撲接球後，迅速跳過障礙物，用手拋球傳給禁區外接應的球員。（圖 243）

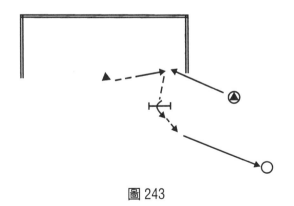

圖 243

15. 由一名教練拋球，由三名以上的守門員連續接球。用兩個球進行練習。（圖 244）

要求：每名守門員接球後馬上傳回給教練並迅速跑到隊尾準備接下一個球。教練連續一左一右向兩側拋球。

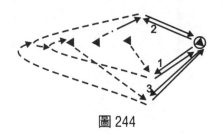

圖 244

16. 由三名教練站成三角形給守門員踢出地面球，守門員撲接球後傳回給教練。（圖 245）

另一個練習方法：

練習方法同上。由四位教練站成四邊形給守門員踢出地面球。（圖 246）

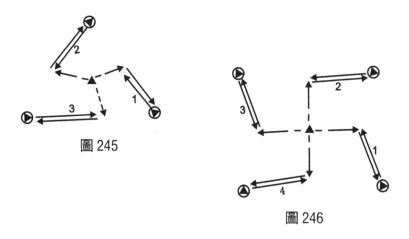

圖 245

圖 246

17. 一組守門員進行練習，球門兩個下角各擺放一個球。教練踢出一個地面球，守門員撲接球後再撲接擺放在球門下角的球，然後再向反方向移動撲接教練踢出的第二腳地面球，之後再撲接另一側門柱下角擺放的球。完成後回到排尾準備下一輪再做。（圖247）

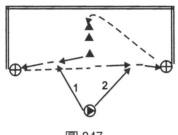

圖247

18. 三名教練分別站在球門的兩側、中間準備射門，一名守門員準備接球。第一名教練踢（拋）出近門柱上角球，守門員撲接球。第二名教練踢（拋）出遠門柱下角球，守門員撲接球。第三名教練踢（拋）出遠門柱上角球，守門員撲接球。（圖248）

要求：守門員移動要迅速靈活，每名教練之間要掌握好射門間隔。

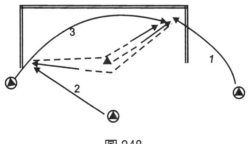

圖248

19.一組守門員練習，一名教練射門。教練第一腳球踢出正面低平球，守門員接球，教練第二腳球踢（拋）出一側門柱上角球，守門員撲接後迅速移動去摸門柱然後反方向移動，去撲接教練第三腳踢（拋）出的遠門柱下角球，再撲接教練第四腳踢（拋）出的遠角柱上角球。撲接球後迅速移動去摸門柱，之後回到排尾，準備下輪再做。（圖249）

要求：守門員移動要迅速、靈活，教練要掌握每次射門的間隔。

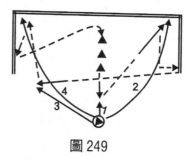

圖249

20.兩個球門相距20m，兩個守門員各守一個球門。相互射門，相互守門。劃定兩條射門限制線相距16.5m，射門必須在限制線後起腳，可踢定位球也可踢活動球。各射十次門，比誰進球多。（圖250）

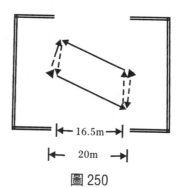

圖250

21. 三名教練輪流射門，一名守門員守門。教練可以踢
（拋）出各種球，守門員撲接球後迅速用手拋球或腳踢球
傳給場內接應球員。（圖 251）

　　要求：守門員撲接球後發球要快速。教練要掌握每次射
門的間隔。

　　說明：在上述各種練習中，凡需要兩名以上教練幫助
守門員練習的，除守門員教練外，其他可由別的守門員、
球員代替。

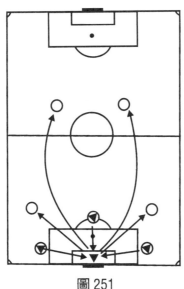

圖 251

(二)結合體能的撲接球訓練

　　1. 在球門線上橫向擺放四個標誌，一名教練射門，一
名守門員接球。守門員從一側門柱開始側向滑步，結合前

後移動繞過四個標誌，撲接教練踢（拋）向遠門柱下角球的球。（圖252）

說明：可以要求守門員側向跳過四個標誌。教練可以踢（拋）出各種球。

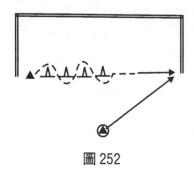

圖252

2. 在球門線上橫向擺放五個標誌，一名教練射門，一名守門員接球，守門員從一側門柱開始，每繞過一個標誌接一次教練踢（拋）出的球，連續繞五個標誌接五次球。（圖253）

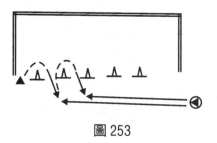

圖253

3. 在球門線上橫向擺放兩個標誌，一名教練射門，一名守門員接球。守門員繞過兩個標誌撲接教練踢（拋）向一側的球，然後再反向繞過兩個標誌撲接教練踢（拋）向另一側的球。（圖254）

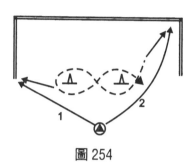

圖254

4. 在球門兩側各擺三個品字形排列的標誌。一名守門員接球，一名教練射門。守門員先繞過一側的三個標誌，撲接教練踢（拋）出的球。然後再繞過另一側三個標誌，撲接教練踢（拋）出的球。（圖255）

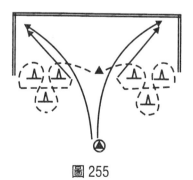

圖255

5. 在球門柱外的底線上擺放四個標誌，在球門兩下角各擺放一個球。一組守門員練習，一名教練射門。守門員先用側向滑步結合前後移動的步法繞過四個標誌後撲接球門下角擺放的球，然後迅速移動撲接教練踢（拋）出的球，接著再移動撲接教練第二次踢（拋）出的球。之後再移動撲接擺放在另一個球門下角的球。做完後回到排尾，準備下一輪再做。（圖256）

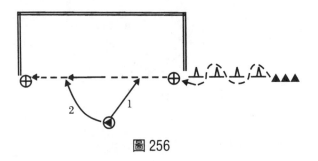

圖256

6. 在球門線上擺放兩個欄架，一名守門員練習，一名教練射門。守門員先側向跳過一個欄架撲接教練踢（拋）出的球，接球後再跳回來，迅速移動側向跳過另一個欄架撲接教練第二次踢（拋）出的球。（圖257）

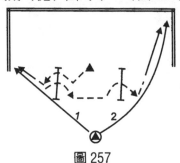

圖257

7. 在球門線上擺放兩個標誌，在球門線前擺放兩個欄架。一名守門員練習，兩名教練射門。守門員先側向滑步前後移動繞過兩個標誌撲接教練踢（拋）出的近門柱球，然後再反向移動連續側向跳過兩個欄架撲接另一名教練踢（拋）出的遠門柱球，之後再反向移動側向跳過這兩個欄架撲接該教練踢（拋）出的近門柱球。（圖258）

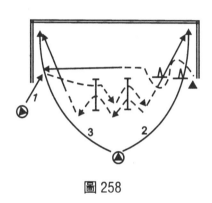

圖258

(三)結合撲接球的體能訓練

1. 守門員腰繫皮筋，另一頭固定在門柱上。撲接教練踢（拋）出的各種球。（圖259）

要求：選用皮筋的鬆緊度要適當，以能給守門員造成適當的拉力，以提高其力量爲準。

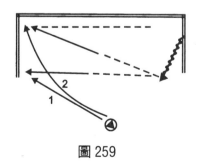

圖259

2. 練習方法和要求同 1.，守門員要先用側向滑步和前後移動的方法繞過橫向擺放在球門線上的四個標誌再撲接教練踢（拋)出的球。（圖 260）

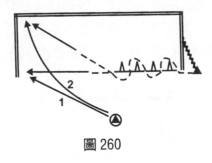

圖 260

3. 練習方法和要求同 2.，守門員要用側滑步和向前移動的方法，繞過擺放在一側門柱前的四個標誌，再撲接教練踢（拋）出的球。（圖 261）

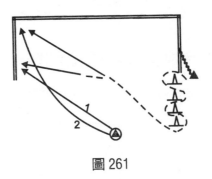

圖 261

4. 練習方法和要求同 3.，守門員要跳過擺放在一側門柱前的三個欄架再撲接守門員踢（拋）出的球。（圖 262）

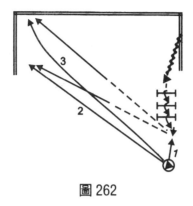

圖262

5. 用三個標誌拉出兩條皮筋，最寬處相距 2 公尺。守門員連續跳過兩條皮筋後撲接教練踢（拋）出的各種球。每次練習連續接十次球。（圖263）

要求：選用細皮筋，只作為高度和寬度的標記。高度約為 60 公分～80 公分。教練可根據實際情況增減。

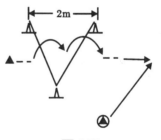

圖263

6. 練習方法和要求同5.，守門員跳過第一條皮筋後，要從第二條皮筋上魚躍過去撲接教練踢（拋）出的各種球。（圖264）

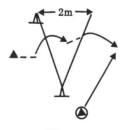

圖264

七、守門員訓練方法

7. 用兩個標誌拉出一條皮筋，守門員從皮筋上跳過後再從皮筋上魚躍回來接教練踢（拋）出的各種球。要求同 5.，連續撲接十次球。（圖 265）

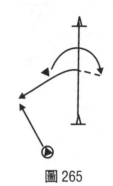

圖 265

8. 擺放兩個標誌，距離與球門寬度相等。守門員撲接教練踢（拋）出的球後，迅速從一側標誌繞過回到原位，準備撲接下一個球，連續撲接十次球。教練可以踢（拋）各種球。（圖 266）

圖 266

9. 擺放兩個標誌，距離與球門寬度相等，在這兩個標誌外一公尺處再各擺放一個標誌，一組守門員練習，一名教練踢（拋）球。守門員先繞過兩個標誌後撲接教練踢（拋）出的近下角球，再迅速移動撲接一個遠下角球，之後繞過另兩個標誌回到排尾準備下一輪練習。（圖 267）

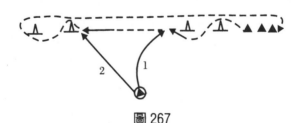

圖 267

10. 擺放兩個標誌,距離與球門寬度相等。在後面 2 公尺處再擺放距離相同的兩個標誌。一名守門員站在兩組標誌中間,兩名教練各站在一組標誌的前面。守門員先撲接一名教練踢(拋)出的球,然後迅速轉身撲接另一名教練踢(拋)出的球,如此連續進行。連續撲接十次球。(圖268)

11. 第一組兩個標誌相距 5 公尺,第二組兩個標誌之間相距 8 公尺,兩組標誌之間相距 5.5 公尺。一名守門員站在兩組標誌中間,一名教練站在兩組標誌前面。守門員先接教練踢(拋)出的正面球,然後迅速繞過第一組標誌一側的標誌撲接教練踢(拋)出的球,然後迅速移動由第一組另一側的標誌撲接教練踢(拋)出的球。然後迅速移動繞過第二組標誌一側的標誌撲接教練踢(拋)出的球,然後迅速移動由第二組另一側的標誌撲接教練踢(拋)出的球。連續做兩次。(圖269)

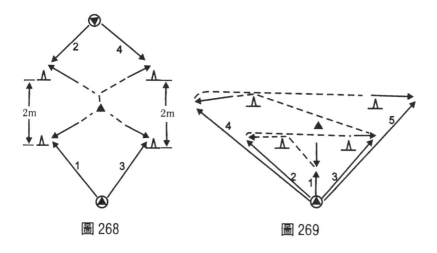

圖 268　　　　　　　　圖 269

12. 擺放四個標誌，各標誌間距離都與球門寬度相等。四邊各站一名教練，守門員站在四個標誌中間。守門員依次連續撲接每名教練踢（拋）出的球，做三輪。教練可踢（拋）各種球。（圖 270）

要求：守門員接球要站在兩個標誌的連線上，接球後迅速按逆時針方向移動到下一名教練面前準備撲接球。教練每次踢（拋）一個球。

說明：在上述「結合體能的撲接球訓練」和「結合撲接球的體能訓練」中，由教練根據實際情況決定守門員每個練習的次數。凡需兩名以上教練員的練習，可由其他守門員或球員代替。

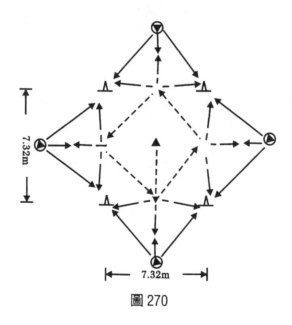

圖 270

(四)體能訓練

1. 利用 1/2 足球場，設置蛇形跑、側滑步跑、跨步跳、單腳跳過欄架接球、雙腳跳過欄架等五站，中間用放鬆跑串連，一組守門員練習。每人做 10 輪，每輪間隔一分鐘，第五、六輪之間間隔三分鐘。（圖 271）

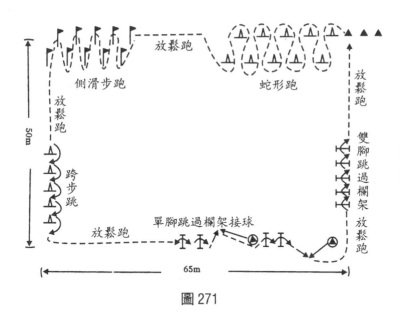

圖 271

說明：教練可根據實際情況增減或變換各站內容，增減所做的輪數和間隔時間。

2. 利用 1/2 足球場，設置蛇形跑、側滑步跑、撲接地面球、加速跑、快速後退跑、撲接高吊球等六站，中間用放鬆跑串連。

練習方法和要求同 1.。（圖 272）

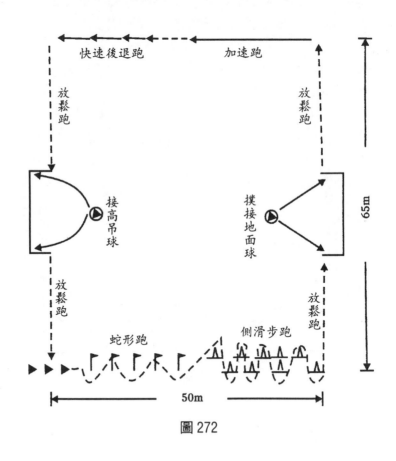

圖 272

說明：同 1。

八、體能訓練方法

在巴西每支球隊和教練班子中體能教練都佔有重要位置，負責全隊的體能訓練，在日常訓練中擔負著重要任務。我隊在巴西培訓時的兩套教練班子中都配備了出色的體能教練，為我隊的體能訓練做出了卓有成效的工作。

巴西的體能教練十分重視培養球員奔跑能力，透過大量的方法提高球員跑的技術性、靈活性、協調性，達到賽場上對球員奔跑能力的實戰要求。

在專門的體能訓練課上，巴西體能教練經常採用綜合性循環訓練方法，由每個站設計的方法來達到發展球員適應足球比賽的專項體能要求。

對於力量練習，巴西體能教練有其獨到的見解，他們認為足球賽場上雙方對抗中所體現的力量素質，實際上是球員技術能力、意識、技巧、力量等方面的綜合素質，而不是單純的身體力量。他們不主張用舉重的方法（如蹲槓鈴等）來發展力量。在巴西十七歲之前沒有專門的力量訓練課，而是以各種跳躍、起動、變向、變速跑等方法發展爆發力、靈敏和協調能力。十七歲之後在此基礎上增加了力量訓練課，主要是利用器械練習，發展各個局部的肌肉力量，特別是快速力量、靈活力量。

在 15—16 歲階段每週安排兩次體能訓練課（每週九次訓練課），每課時間為 60—90 分鐘，其中一次課是以勻速跑為主的耐力訓練，另一次課是發展爆發力、靈敏、協調能力的綜合性身體訓練。

在 17—18 歲階段每週安排三次體能訓練課（每週十一次訓練課），其中一次有氧訓練，以跑為主要內容，一次力量訓練以器械練習發展局部肌肉力量為主要內容，還有一次發展綜合素質的爆發力、靈敏、協調為主的身體訓練。每課時間 90 分鐘。

除上述體能課外，每週還安排一次結合球的技術性體能訓練。這種練習要求在加大運動負荷的情況下，準確、合理地完成技術動作，有很高的實用價值。

(一)15—16歲階段體能訓練

1. 耐力訓練

巴西體能教練認為這一年齡段的耐力訓練很重要，耐力素質是一切其他素質的基礎，耐力提高了其他素質可以相應提高。

在這個年齡段每週的第一次訓練課都安排耐力訓練

①勻速跑

在規定的時間內自始至終保持跑速均勻。跑速根據個人能力自定。

方法：15 歲球員勻速跑 40 分鐘。16 歲球員勻速跑 50 分鐘。

要求：保持勻速，不可時快時慢。結束時脈搏要達到 140～160 次／分，兩分鐘後恢復到 120 次／分以下。

說明：可安排在野外、公園、足球場、田徑場上進行。

②3200 公尺跑

要求：12 分 40 秒內完成。脈搏 180 次／分。

說明：在田徑場進行。

③6000 公尺跑

要求：26 分 30 秒內完成。脈搏 180 次／分。

說明：在田徑場進行。

2. 跑的訓練

①各種技巧性跑的練習方法

快速小步跑；小步高抬腿跑；快速小步後踢腿跑、前踢腿跑；側向滑步跑；側向交叉步跑；左、右側滑步折線前進跑；轉身跑；行進間轉體 360°跑；跑跳步；跨步跑；後退跑；後退左、右側滑步折線跑、後退轉體 180°跑；原地跳起轉身 360°跑等。在訓練課的準備部分大量進行這些練習。

②各種繞標跑的練習方法

蛇形曲線跑：在 10 公尺距離內設置 10 個標誌，要求球員進行快速蛇形曲線跑。（圖 273）

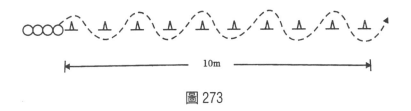

10m

圖 273

前進、後退跑：在 20 公尺距離內設置 5 個標誌，間距 5 公尺，要求球員進行快速前進後退跑，前進 10 公尺，後退 5 公尺直至跑完全程。要求後退時要從標誌繞過。（圖 274）

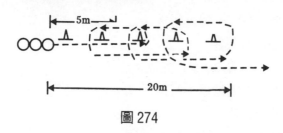

圖 274

　　繞標變向跑：在 10 公尺距離內設置兩排標誌，每排五個標誌，兩排相距 5 公尺。要求球員先從第一排標誌，快速跑到第二標誌處向右轉回跑到第一標誌處，再向右轉前跑到第三標誌處向右轉回跑到第二標處向右轉前跑……如此反覆繞標變向跑，直至跑完第一排標誌後跑到第二排標誌，按上述方法跑完第二排標誌。跑第二排標誌繞標時向左轉回。（圖 275）

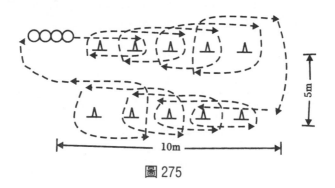

圖 275

　　折線跑：

　　在 25 公尺距離內擺放兩排標誌，第一排六個標誌，間距 5 公尺，第二排五個標誌間距 5 公尺，兩排標誌間距離 5 公尺。要求球員從第一排第一標誌跑向第二排第一標誌

處繞標，折向跑到第一排第二標誌處繞標，折向跑到第二排第二標誌處……，如此連續進行直至跑完所有標誌。（圖 276）

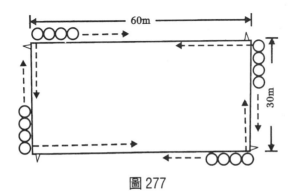

圖 276

③變速跑

在長 60 公尺寬 30 公尺的場地內進行，場地四角擺放標誌。每個標誌後安排一組球員。按逆時針方向跑，60 公尺快速跑—30 公尺慢速跑—60 公尺快速跑—30 公尺慢速跑。要求每次跑 10 分鐘，休息 2 分鐘，共跑兩次。

按順時針方向跑，60 公尺慢速跑—30 公尺快速跑—60 公尺慢速跑—30 公尺快速跑。要求每次跑 10 分鐘，休息 2 分鐘，共跑兩次。（圖 277）

圖 277

說明：四組球員同時進行，統一計時，統一休息。上述共四次變速跑連續完成。

④坡地變速跑

場地設在 30°的坡地上，在邊長 30 公尺的正方形場地上四角各放置一個標誌。每個標誌處安排一組球員。（圖 278）

要求：逆時針跑，上、下坡快速跑，平坡慢速跑，每次跑 5 分鐘，休息 2 分鐘，共跑兩次。

順時針跑，上、下坡慢速跑，平坡快速跑，每次跑 5 分鐘，休息 2 分鐘，共跑兩次。

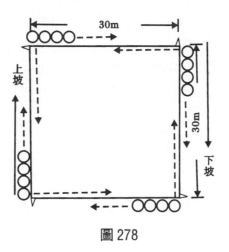

圖 278

說明：四組球員同時進行，統一計時，統一休息，四次變速跑連續完成。

另一種訓練方法：在 30°的坡地上設置長 40 公尺寬 20 公尺（上、下坡）的場地。四角各設一個標誌，每個標誌處安排一組球員。（圖 279）

要求：逆時針跑，斜向上坡、下坡快速跑，平坡慢速跑，跑 10 分鐘，休息 3 分鐘，跑一次。

順時針跑，斜向上、下坡慢速跑，平坡快速跑，跑 10 分鐘，休息 3 分鐘，跑一次。

說明：同上一種練習。

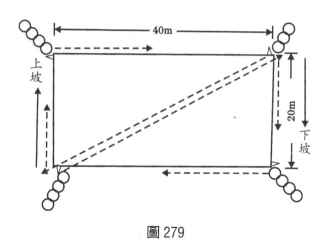

圖 279

⑤坡地折返跑

在 30°的坡地上設置 25 公尺長的場地，插六個標誌旗，間距 5 公尺。要求球員從起點開始上坡跑 5 公尺，下坡返回起點；上坡跑 10 公尺，下坡返回起點，……直至上坡跑 25 公尺，下坡返回起點為止。（圖 280）

說明：每次返回都需繞過標誌旗。

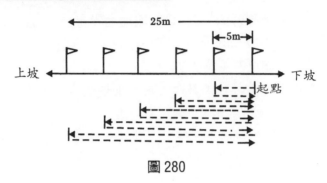

圖280

3.力量練習

每次體能訓練課的結束部分都安排做力量練習，包括上肢、腹肌、腰背肌等力量練習。時間一般是 10～15 分鐘。

上肢力量一般採用俯臥撐練習，分窄撐（手撐與肩同寬）和寬撐（手撐寬於肩）要求做 100 次，分 3～4 組完成。

腹肌力量練習的姿勢是身體仰臥，小腿併攏收回與大腿成 90°，雙腳全腳掌著地。上體抬起，保持上體與大腿約成 90°的姿勢，雙手放在小腹上。練習時要求上體在保持這個姿勢的基礎上做上下振動，振幅以後背不著地，前胸不碰大腿為準。要求做 100 次分 3～4 組完成。巴西體能教練強調這個年齡段腹肌練習每週不能超過 200 次，否則容易造成腹直肌疲勞、受傷，成年後容易腹直肌發炎。

腰背肌力量練習時兩人一組，練習者俯臥地上，幫助者用雙手壓住他的腳踝小腿處。練習者雙手放在腦後部，最大限度地抬起上體。要求做 100 次，分 3～4 組完成。

4. 綜合性身體訓練

①五站循環練習

第一站：插兩排標誌旗，第一排八根，間距 1 公尺，第二排七根，間距 1 公尺，兩排相距 1 公尺。要求曲線繞過兩排標誌旗。（圖 281）

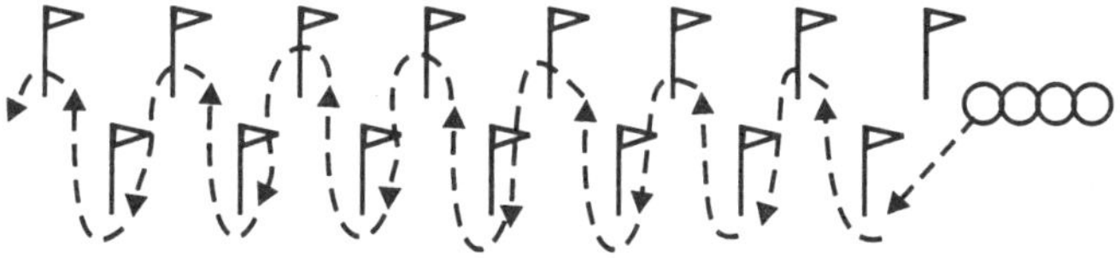

圖 281

第二站：放置八個標誌，間距 1 公尺，要求連續跨步跳（左腳跳，右腳落，右腳跳，左腳落）過標誌。（圖 282）

圖 282

第三站：前面一人向前跑，後面一人拉住圍在他腰間的繩子，適當加力，隨其跑進。距離 40 公尺往返一次，返回時兩人交換。（圖 283）

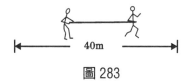

圖 283

第四站：放置兩個標誌，拉一根皮筋（細），距地面
40公分，球員雙腳從皮筋上跳過去，再從皮筋下滾過來。
（圖284）

圖284

第五站：放置兩個欄架相距八公尺，單腳跳過一個欄
架後快速跑到另一個欄架，單腳跳過去，再返回來，仍跳
過兩個欄架。（圖285）

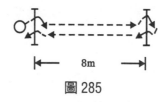

8m

圖285

方法：每站安排兩組球員練習。第一、二、四、五站
每組連續做30秒，休息30秒互相換做，第三站每組做一
次40公尺往返跑。之後輪轉換站，直至做完每一站。連續
做三輪。

②九站循環練習

第一站：窄撐俯臥撐（雙手撐地與肩同寬），在規定
時間內連續做。

第二站：放置兩個標誌旗，拉一根皮筋（細）。從皮

筋上雙腳跳過去，再雙腳跳回來，在規定時間內連續做。

第三站：雙手持球仰臥起坐。在規定時間內連續進行。

第四站：立臥撐跳起。從站立開始，雙手撐地身體打開俯撐，收緊身體團身成蹲撐，迅速用力蹬地跳起身體展開後落地。在規定時間內連續做。

第五站：寬撐俯臥撐（雙手撐地寬於肩），在規定時間內連續做。

第六站：擺放兩排藤圈，每排五個間距 1 公尺，兩排距離 1 公尺。用左、右跨跳步，（左腳跳右腳落、右腳跳左腳落）跨跳每個藤圈。在規定時間內連續做。（圖286）

圖 286

第七站：腹肌力量練習（與「力量練習」中的腹肌力量練習方法相同）。在規定時間內連續做。

第八站：擺放四個欄架，間距 2～3 公尺，第一、三欄架高 80 公分，第二、四欄架高 50 公分。高欄架下鑽過去，從低欄架上跳過去。在規定時間內連續往返進行。（圖287）

圖 287

第九站：設置兩排標誌旗，第一排五個，間距 1 公尺，第二排四個，間距 1 公尺。兩排距離 1 公尺。做繞過標誌旗的曲線跑。在規定時間內連續往返進行。（圖 288）

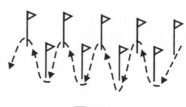

圖 288

方法：每站安排兩組球員練習。每組做 30 秒，休息 30 秒，互相換做之後輪換站，直至做完每一站。連續做兩輪。

(二)17—18歲階段體能訓練

1. 速度耐力訓練

①600 公尺重複跑

600 公尺×8 次，要求 600 公尺在 2 分 10 秒內完成，休息 2 分 10 秒，再跑下一次。直至完成。

說明：可在公園、野外、足球場、田徑場上進行。

②1100 公尺重複跑

1100 公尺×6 次。要求 1100 公尺在 4 分 10 秒內完成，休息 4 分 10 秒，再跑下一次，直至完成。

說明：可在公園、野外、足球場、田徑場上進行。

2. 跑的訓練

①跑的技巧性、靈活、協調性練習

練習方法同 15～16 歲階段「各種技巧性跑的練習」。

在每次訓練課準備部分裏有 1/2 的時間（20 分鐘）練習這些內容。在體能訓練課上整個準備部分都是這些內容。

②障礙跑

在 100 公尺距離內設置六組障礙：

第一組障礙：

設置五個欄架間距 1 公尺。要求雙腳連續跳過。（圖 289）

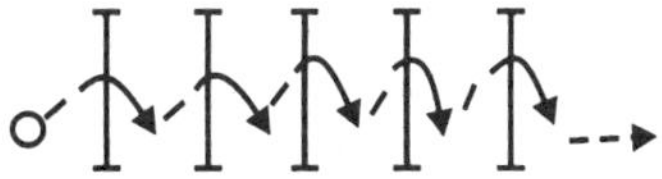

圖 289

第二組障礙：

設置五個標誌，間距 1 公尺。要求用跨跳步（左腳起，右腳落，右腳起，左腳落）連續跨過。（圖 290）

圖 290

第三組障礙：

設置兩個標誌旗，距離 5 公尺，要求八字跑過。（圖 291）

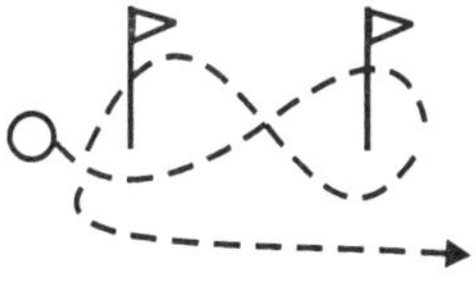

第四組障礙：

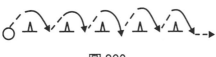

圖 291

設置兩排藤圈，第一排五個，間距 1 公尺，第二排四個，間距 1 公尺，兩排間距 1 公尺。要求用左、右跨跳步連續跨過。（圖 292）

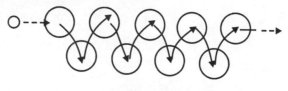

圖 292

第五組障礙：

設置六個標誌，間距 1 公尺。要求用左、右側滑步通過。（圖 293）

圖 293

第六組障礙：

設置兩排標誌旗，每排三個，間距 1 公尺，兩排間距離 1 公尺。要求用蛇形曲線跑繞過每個標誌旗。（圖 294）

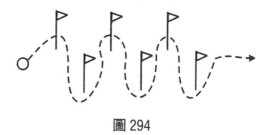

圖 294

在返程 100 公尺距離內分為兩段，第一段 60 公尺距離，設置四個欄架，間距 20 公尺，要求快速跑中跳過欄

架。第二段 40 公尺距離，不設障礙，要求放鬆跑。

說明：球員練習時跑往返 200 公尺，第一個 100 公尺過六組障礙，返程 100 公尺中前 60 公尺跳過四個欄架，最後 40 公尺放鬆跑回原位。

要求：連續跑 30 分鐘，第一名球員做完第二組障礙時，第二名球員開始跑。全體球員連續進行。以第一名球員為準計時。

③接力跑

第一種方法：在一個長 80 公尺寬 40 公尺的長方形場地上設 A、B、C、D、E、F 六個起跑點，每點處安排一組球員，各組人數相等。教練發出信號後，各組第一名球員同時起跑，按逆時針方向跑一圈後，擊第二球員手掌，第二名球員起跑，如此連續進行，最後一名球員先跑完一圈到達本組起跑點的組獲勝。（圖 295）

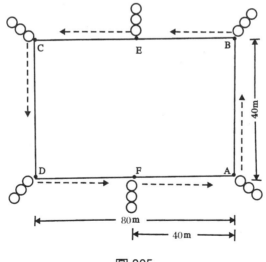

圖 295

第二種方法：在一個正方形的場地上用八個標誌擺出相互對稱距離為 30 公尺的四段跑區，人數相等的四組球員站在四個跑區的起跑點。教練發出信號後，各組第一名球員同時起跑，在各跑區快速往返一次（要繞過標誌），擊第二名球員手掌後第二名球員起跑，如此連續進行，最後一名球員先到達起跑點的組獲勝。（圖 296）

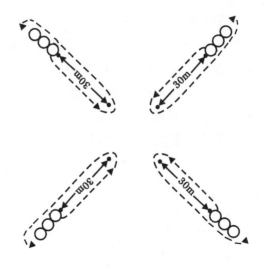

圖 296

第三種方法：如圖所示，各用七個標誌旗設置出兩個相同的場地。

四個標誌旗的一排距離 60 公尺（各間距 20 公尺），三個標誌旗的一排每個標誌旗斜向距離另兩個標誌均為 10 公尺，四個標誌旗一排的兩端為起跑點。

人數相等的兩隊球員進行接力比賽，每隊球員平均分為兩組各站在起跑點處，教練發出信號後，A、B 兩組球員同時起跑，在七個標誌間做折線跑（繞過標誌），跑到對面起點處後擊打本隊另一組第一名球員手掌後該球員同樣用折繞跑方法返回，如此連續進行，最後一名球員先返回起跑點的隊獲勝。（圖 297）

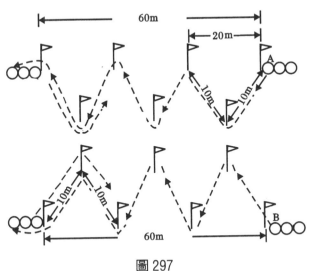

圖 297

④分段加速跑：利用足球場四周的邊線、底線劃分出 30 公尺、50 公尺、100 公尺、200 公尺、300 公尺共五個分段進行加速跑。（圖 298）

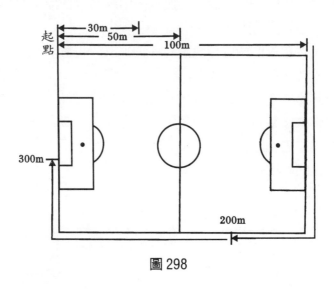

圖 298

要求全體球員連續進行，第一名球員跑完 30 公尺後第二名球員起跑，當最後一名球員跑完 30 公尺後，第一名球員起跑 50 公尺，當最後一名球員跑完 50 公尺後，第一名球員起跑 100 公尺，如此連續跑完 200 公尺、300 公尺。球員在跑 100 公尺、200 公尺、300 公尺各段時兩名球員的起跑間隔為 50 公尺。

連續跑完五段加速跑為一輪，共進行四輪，每輪間休息 1 分鐘。

說明：每段加速跑跑完後，球員都放鬆跑回到起點。

3.力量訓練

在這個年齡段開始安排專門的力量訓練課。利用力量訓練器械進行訓練。

九站力量練習

①仰坐兩腿向斜上方蹬負荷器械

②坐姿雙臂內合

③坐姿推舉

④坐姿雙臂前推

⑤坐姿雙腿內合

⑥坐姿雙腿外分

⑦坐姿雙手寬握雙臂下拉

⑧坐姿小腿前伸

⑨俯臥小腿後屈

方法：首先測定每人的負荷量、次數、組數，填寫在每人一張的訓練卡片上，球員按卡片練習，根據每名球員的訓練情況教練定期調整卡片內容。

測定方法是先測出每名球員每站練習內容的最大負荷量，然後再定練習的負荷量、次數、組數。17 歲球員練習負荷量為最大負荷量的 45～50%，練習次數為 15 次，組數為 3 組。18 歲球員練習負荷量為最大負荷量的 50～55%，練習次數為 20 次、組數為 3 組。每次訓練按測定標準連續完成九站內容。

4.柔韌、協調性訓練

為提高球員的柔韌、協調性，巴西體能教練在每週的力量訓練課後安排一節舞蹈課（45 分鐘），學習一種巴西十分盛行的舞蹈叫 AXE（阿仙舞），這種舞蹈從森巴舞變

化而來，比森巴舞的節奏更強烈，腰、髖關節的活動幅度更大，對提高球員的柔韌、協調性，提高腰、髖關節的靈活性十分有益。

5. 九站循環練習

第一站：球員腰繫皮筋，另一端固定。做跑步練習。選用較粗皮筋，給球員適當拉力。（圖 299）

圖 299

第二站：設置六個標誌旗，間距 1 公尺，球員做左、右側滑步、過竿，連續往返進行。（圖 300）

圖 300

第三站：設置兩排藤圈，每排五個，間距 1 公尺，兩排相距 1 公尺，球員做左、右跨跳步（左腳起、右腳落、右腳起、左腳落）跳過藤圈，連續往返進行。（圖 301）

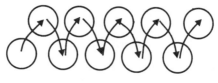

圖 301

第四站：設置兩排標誌，第一排兩個，第二排三個。
各標誌間斜向距離兩公尺，橫向距離三公尺。球員從 A 標
向 B 標做前進跑，從 B 標向 C 標做後退跑（繞過標誌），
從 C 標向 D 標做前進跑，從 D 標向 E 標做後退跑，到 E 標
後再反方向做回 A 標。連續往返進行。（圖 302）

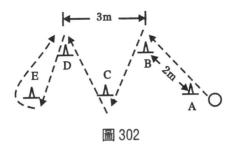

圖 302

第五站：兩個標誌相距 10 公尺。球員做往返跑，連續
進行。（圖 303）

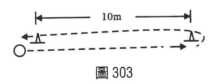

圖 303

第六站：設置五個欄架三低兩高，間距 1 公尺。球員
單腳跳過低欄，雙腳跳過高欄，連續往返進行。（圖
304）

圖 304

第七站：設置五個標誌，其中四個標誌擺成邊長 5 公尺的正方形，正中間擺放一個標誌，球員如圖所示做繞標跑，連續進行。（圖 305）

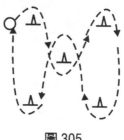

圖 305

第八站：設置八個標誌，間距 1 公尺。球員做連續快節奏小步跑，每步過一個標誌，連續往返進行。（圖 306）

圖 306

第九站：設置相距 3 公尺的兩個標誌，上拉一條細皮筋。球員雙腳來回跳過皮筋，連續進行。（圖 307）

圖 307

方法：每站安排兩名球員，每人各做 40 秒，換到下一站。九站做完為一輪，連續做三輪，每輪間休息一分鐘。球員做練習、換站、休息都由教練統一發令。

6. 結合球的體能訓練

①半場跑動傳球、射門練習，如圖所示在 1/2 足球場內設置 A、B、C、D、E、F、G、H、K 九個標誌，各標誌位置由教練員選定，H 標誌前不安排球員，其他各標誌前都安排兩名球員，A 標誌第一名球員傳球給 B 標誌第一名球員後跑向 B 標誌第二名球員身後，B 標誌第一名球員傳球給 C 標誌第一名球員後跑向 C 標誌第二名球員身後，如此連續傳球，當球傳到 G 標誌第一名球員後，該球員傳直線球（由 H 標誌的內側）給套邊下底的 G 標誌第二名球員，該球員傳給 K 標誌第一名球員後跑向 K 標誌第二名球員身後，K 標誌第一名球員接球射門後跑向 A 標誌第二名球員身後，如此連續進行傳球、射門練習。（圖 308）

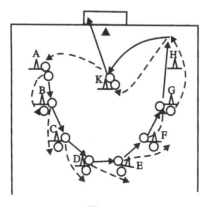

圖 308

要求：逆時針方向進行 15 分鐘後，換成順時針方向進行 15 分鐘。

說明：G 標誌第一名球員傳球後換做第二名球員。

各標誌前安排人數可變化。

②全場運球過標射門練習：如圖所示，在各半場擺放五個標誌，位置由教練員選定。球員運球繞過標誌後射門。之後從球門後繞過跑向另一個半場的隊尾準備繼續練習。如此連續進行。（圖 309）

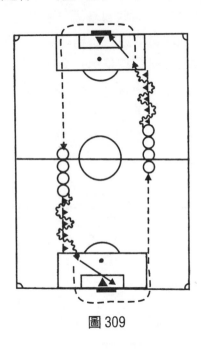

圖 309

要求：兩隊人數相等。按逆時針方向進行 15 分鐘後，變換標誌位置，改換為順時針方向進行 15 分鐘。

③跑動傳球練習

第一種練習方法：如圖所示，設置兩排標誌，每排五個，間距 10 公尺兩排間錯開了 5 公尺，兩排之間距離為 20 公尺。每個標誌處安排一名球員，每人一球。練習的球員

從兩排標誌中間跑過時與各標誌處的球員相互進行傳球、
回傳球。（圖310）

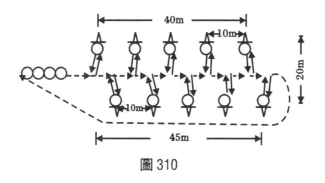

圖310

要求：做三種傳球練習，第一，用腳弓相互傳地滾球；
第二，標誌處球員手拋球給練習球員，練習球員用腳弓回
敲；第三，標誌處球員手拋球給練習球員，練習球員用頭頂
回。三種練習各做完三輪後，練習球員和標誌處球員交換位
置繼續按要求做完練習。

說明：傳球方法和練習次數部可以變化。

第二種練習方法：如圖所示，設置兩排標誌，每排四
個，間距10公尺，兩排間錯開5公尺，兩排之間距離為20
公尺。每個標誌處安排一名球員，每人一球。練習球員與
標誌處球員做相互傳球、回傳球之後從該標誌繞過，再與
對面標誌處的球員做相互的傳球、回傳球，如此連續進
行。（圖311）

要求：同第一種練習方法。

說明：同第一種練習方法。

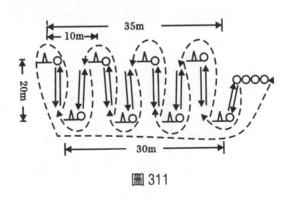

圖 311

八、體能訓練方法

④四項跑動傳球練習

設置兩個標誌，相距兩公尺，兩人一組進行練習。兩人相距十公尺。

第一項：A 傳球給 B，B 回傳給 A 後跑向下一個標誌，繞過標誌後再與 A 做傳球、回傳球。如此連續進行。（圖 312）

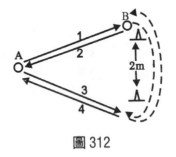

圖 312

第二項：A 傳球給 B，B 回傳給 A 後繞過一個標誌後與 A 做傳球、回傳球，之後再繞過第二個標誌與 A 做傳球回傳球。如此連續進行。（圖 313）

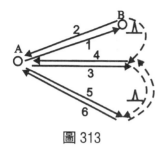

圖 313

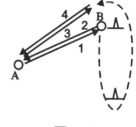

圖 314

第三項：A 傳球給 B，B 回傳給 A 後從第二標誌繞回來，再與 A 做傳球、回傳球。如此連續進行。（圖 314）

第四項：A 傳球給 B，B 回傳球後繞過第一標誌與 A 做傳球、回傳球，然後再繞過第二標誌與 A 做傳球、回傳球，然後再跑到兩個標誌之間與 A 做傳球、回傳球。如此連續進行。（圖 315）

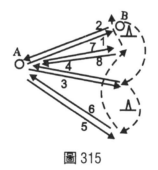

圖 315

要求：每人每項跑動傳球做 3 分鐘，休息 1 分鐘，利用休息時換人，每人做完四項。

⑤七項跑動傳球練習

設置四個標誌，間距一公尺，在距第四標誌十公尺處另設一個標誌。三人一組進行練習。

第一項：如圖所示，兩人練習，一人傳球。A 做左、右側滑步，通過四個標誌後，B 傳球給 A，A 回傳給 B，A 跑回到 C 的身後，C 做同樣的練習。如此連續進行。（圖316）

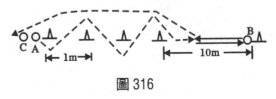

圖 316

八、體能訓練方法

第二項：B 擲界外球給 A，A 回傳給 B 後，A 做曲線跑通過四個標誌後，B 傳球給 A，A 回傳給 B，A 跑回 C 身後，C 做同樣練習。如此連續進行。（圖317）

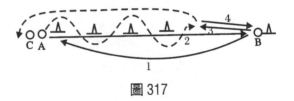

圖 317

第三項：A 從右側跑過四個標誌，B 傳球給 A，A 回傳給 B，A 返回原位置再從左路跑過四個標誌，B 傳球給 A，A 回傳給 B 後跑回 C 身後，C 做同樣練習。如此連續進行。（圖318）

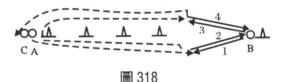

圖 318

第四項：Ａ雙腳跳過四個標誌後，Ｂ拋球給Ａ，Ａ頭頂球回傳給Ｂ後跑回Ｃ身後，Ｃ做同樣練習。如此連續進行。（圖319）

圖319

第五項：Ａ跑過四個標誌，Ｂ傳球給Ａ，Ａ回傳給Ｂ後曲線跑過四個標誌返回原位置，再從另一側跑過四個標誌，Ｂ傳球給Ａ，Ａ回傳給Ｂ後跑回Ｃ身後，Ｃ做同樣練習，如此連續進行。（圖320）

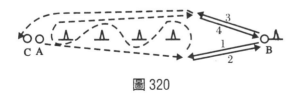

圖320

第六項：跑動路線和方法同第三項。Ｂ用手拋球給Ａ，Ａ用頭頂球傳回給Ｂ。（圖321）

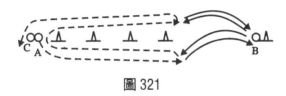

圖321

八、體能訓練方法

第七項：B 先傳球給 A，A 曲線運球繞過四個標誌後傳球給 B，A 跑回 C 的身後，C 做同樣練習。如此連續進行。（圖 322）

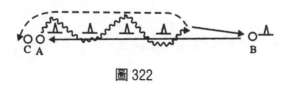

圖 322

要求：三人跑動傳球練習做一分鐘交換傳球人，三人各輪做一次傳球人後本項練完，如此連續做完七項。

附錄：

巴西——名符其實的足球王國

　　足球運動享譽世界，舉世公認為「世界第一運動」。在巴西足球運動深深融入了巴西的文化之中，形成了獨具魅力、精彩絕倫的巴西足球，世人稱之為「桑巴足球」、「藝術足球」。

　　迄今為止巴西人創造了世界足球史上絕無僅有的奇跡，在已舉行的十七屆世界足球錦標賽中，他們全部闖入了決賽階段的比賽，五次捧得冠軍杯，因 1958 年、1962 年、1970 年三次奪得「雷米特金杯」而將這座「金女神」杯永久佔有。輝煌的業績、豐碩的戰果使巴西成為當之無愧的「足球王國」。

　　巴西是南美洲最大的國家，由 26 個州和一個聯邦行政區組成聯邦共和國。國土面積 855 萬平方公里，人口約 1.6 億。地處亞熱帶和熱帶，除南部極小區域在冬季有極短時間的霜期以外，其他絕大部分區域均全年無霜期，極適於常年開展足球運動。

　　巴西是典型的移民國家，土著居民印第安人不足 10 萬人，而絕大部分的居民是由葡萄牙、西班牙、義大利、德國等歐洲移民和亞洲的日本、韓國、中國等移民，還有當年隨歐洲移民來巴西的非洲黑人奴隸和移民的後裔，幾百年來在巴西這座民族大熔爐裏繁衍生息，形成了白種人、黑種人、黑白混血種人、印歐混血種人、印第安人、亞裔

等不同膚色、不同人種的巴西居民。

這一天然的人種優勢又融入了巴西人特有的熱情、奔放、張揚的個性，為開展足球運動儲備了得天獨厚的人才資源，他們所具有的優秀的身體素質和心理素質，為他們從事足球運動奠定了良好的基礎。

在巴西足球運動開展之廣泛，參與足球運動的群眾之普及，是沒有親臨目睹的人難以想像的。巴西足球可稱為「全民足球」、「大眾足球」，凡有人居住的地方就有足球場，凡有足球場的地方就有人踢足球。足球在巴西人的文化生活中是不可缺少的，人們每天閒暇時都在踢足球、看足球、侃足球，上至白髮老人，下至幾歲孩子，男女老幼莫不如此。

人人都歸屬於一支自己所鍾愛的俱樂部和它的球隊，與自己俱樂部的球隊同呼吸、共命運，為他們的勝利歡呼雀躍，為他們的失敗傷心流淚。深厚的群眾基礎為足球的發展蘊育了良好的環境，為優秀球員的成長營造了肥沃的土地，使優秀球員大量湧現。

在全世界開展職業足球聯賽的國家裏都有巴西球員的身影，特別是在歐洲五大聯賽—英超、義甲、德甲、法甲、西甲中，優秀的巴西球員展現著他們迷人的風采，羅納爾多、里瓦爾多、小羅納爾多、卡洛斯、卡卡、阿德里亞諾等是其中的佼佼者，他們代表了巴西球員的卓越才能，令全世界億萬球迷所傾倒。

廣泛的群眾基礎是足球運動蓬勃發展的沃土，在巴西每個家庭都是足球沃土的組成部分，有種子、有肥料更有辛勤的耕耘者。每到週末全家到俱樂部足球場去踢球，或

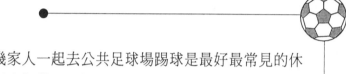

親朋好友幾家人一起去公共足球場踢球是最好最常見的休閒活動。男人們帶孩子們去踢球，婦女們則操持起獨具巴西風味的烤肉。中午踢完球全家人或幾家人聚在一起吃著美味可口的巴西烤肉，喝著冰涼的啤酒，隨著答錄機裏放出的森巴舞曲跳起森巴舞，這就是巴西人的足球、烤肉、啤酒加桑巴。

在週末裏各類足球場排得滿滿的，全天都進行不同年齡、不同層次、不同水準的業餘比賽，隊服整齊、比賽認真、裁判嚴格，不亞於正規的比賽。

巴西足球的基礎深入到每個家庭，家長是踢球孩子的啟蒙教練和後勤保障。家庭作為社會最小的細胞為社會養育出源源不斷的足球人才。這就是巴西足球常盛不衰、人才輩出、長江後浪推前浪的根本原因。

巴西的職業足球賽事繁多、縱橫交錯，除上下半年的賽季之間有短暫的 3～4 週的休整外，其他全年時間均有賽事，大部分時間是每週雙賽。凡比賽日都是球迷的節日，賽前幾小時球迷們就往球場進發，汽車、摩托車、公車坐滿了前往賽場的球迷。尤其是徒步前往賽場的球迷隊伍蔚為壯觀，旌旗招展，鼓樂齊鳴，整齊劃一的啦啦隊口號聲此起彼伏，一路路趕往賽場的球迷隊伍構成了賽前的一大景觀。

觀看比賽的絕大部分觀眾是主隊和客隊的球迷。賽場觀眾席上專門為客隊球迷辟出觀戰席，使主、客隊球迷截然分開，雙方各著整齊的本隊隊服真可謂涇渭分明、一目了然。大批員警在賽場執勤，維護賽場秩序，防止球迷鬧事。他們訓練有素，處理突發事件經驗豐富，能使比賽得

以順利進行，使球員、裁判、工作人員、觀眾受到安全保護，是保證賽事安全的重要力量。

他們之中最為威武雄壯的是全副武裝的摩托警和騎警，頭戴鋼盔騎著性能優良的警用摩托車的摩托警和橫挎馬刀騎著高頭大馬的騎警。他們在賽場外巡邏，給幾萬名觀眾以安全感，給那些妄圖滋事生非的不法分子以威懾。這是盛大足球比賽的又一靚麗景觀。

巴西人對他們所創造出的燦爛的足球文化和輝煌的足球業績引以自豪，在 1970 年他們第 3 次奪得世界盃冠軍，永久佔有「金女神」杯之後，向全世界發行了一部大型彩色紀錄片《世界在我們腳下》，影片記錄了巴西隊奪冠的光輝歷程，向全世界彰顯了巴西人的自信、自豪和自尊。

巴西的足球俱樂部

　　巴西的足球俱樂部遍佈於城市和鄉村，全國各地到處都有大大小小不同類型、形式各異的職業、半職業、業餘足球俱樂部，這些俱樂部和其所屬的球隊是巴西足球的基礎，尤如金字塔龐大堅實的底座，撐起了巴西足球金字塔。

　　巴西全國的甲級俱樂部 28 個，聖保羅州的甲級俱樂部 22 個，其他幾個足球發達的州的甲級俱樂部也在十幾個至二十個之間，其餘的各州甲級俱樂部也在十個左右，除甲級俱樂部外還有全國的、各州的乙級、丙級、丁級等俱樂部，可以想像有多麼龐大，再加上全國半職業、業餘俱樂部的數字就更為驚人。

　　聖保羅市是巴西第一大城市，人口一千多萬，在世界大城市中僅次於上海位居第四。這座城市有四個既是全國的也是州的甲級俱樂部：corithians（克林蒂安斯）；são paulao（聖保羅）；palmeiras（帕爾梅拉斯）；portuguesa（葡萄牙人）。成立最早的克林蒂安斯於 1910 年成立，成立最晚的「聖保羅」於 1930 年成立。他們都是國內、國際上著名的俱樂部，不僅在巴西有驕人的戰績，在國際足壇上也譜寫了光輝歷史。「聖保羅」俱樂部在 1992～1993 年兩次蟬聯「豐田杯」冠軍，克林蒂安斯在 2000 年國際足聯主辦的首屆世界俱樂部冠軍杯賽上獲得冠軍，帕爾梅拉斯獲 1999 年「豐田杯」亞軍。

　　聖保羅市的四個甲級俱樂部都是社會上名門望族、賢

附錄

達人士積極宣導組織並投入相當規模的資金創辦起來的，經過幾十年、近百年的不斷發展壯大，形成了今天俱樂部的規模，成為巴西一流、世界著名的俱樂部。

「葡萄牙人」俱樂部創建於 1920 年，由來自葡萄牙的移民集資創辦的，帕爾梅拉斯俱樂部是來自義大利的移民出資創辦的，「聖保羅」俱樂部是聖保羅市上層社會人士投資創辦的，克林蒂安斯俱樂部是巴西全國著名實業家和社會名流投資創辦的，號稱擁有 10 萬球迷，是與里約州的甲級俱樂部弗朗明戈俱樂部（全國甲級俱樂部、世界著名俱樂部）並列為全國球迷最多的兩大俱樂部。

「聖保羅」足球俱樂部擁有 10 億美元的固定資產，是聖保羅市四個甲級俱樂部中規模最大，經濟實力最強的。它擁有容納 15 萬人的慕隆比足球場，是世界最大的私人體育場（可容納 20 萬人的馬拉卡納足球場是里約熱內盧市政府的公有財產），巨大的體育場內設有俱樂部的辦公地點，運動員宿舍、餐廳和醫療康復中心。

在體育場後面就是專供俱樂部會員和各級球隊使用的占地 500 畝的綜合基地，有天然草皮足球場、人造草皮足球場、室內足球館、籃排球館、游泳池、戲水樂園等體育和休閒娛樂設施。此外還有一處專供俱樂部一線隊生活、訓練的基地，內設兩塊優質草皮足球場，一棟宿舍樓，樓內供球員住宿、餐飲、醫療、康復、健身、娛樂的設備完善。在這處基地內還設有專門接待新聞媒體的場所，內有休息、採訪、喝咖啡的地方。另外，還有一處專供後備梯隊使用的訓練基地，內設三塊草皮場和球員休息室、餐廳等設施。

　　克林蒂安斯俱樂部的規模位居第二位，它的綜合訓練基地內設有俱樂部辦公樓，有一座可容納一萬五千名觀眾的比賽場，還設有室內足球館、籃排球館、柔道館、健身房、紅土足球場、網球場、板球場、游泳池和戲水樂園等，這些設備是供俱樂部各級球隊和俱樂部會員使用的。另外還有一處專供後備梯隊使用的訓練基地。因俱樂部比賽場地容納觀眾少，而球迷眾多，所以長期租用可容納五萬多觀眾的聖保羅市足球場，遇有重大賽事臨時租用「聖保羅」俱樂部的慕隆比足球場。

　　帕爾梅拉斯俱樂部擁有自己的綜合基地，內設有辦公樓，一線隊食宿、醫療、康復樓，一塊比賽場地，一面看臺可容納七千名觀眾，平時供一線隊訓練使用，另兩塊草皮場，供後備梯隊使用。一座綜合體育館，可做室內足球、籃排球訓練和比賽場地。此外還有一處訓練基地，有四塊草皮場地和籃排球場、游泳池、餐廳、醫務室等，是供後備梯隊使用的。

　　俱樂部還擁有一個比賽主場，結構獨特。足球比賽場占整個場地的三分之二，球場在半空，場地下面是各式房間，用做運動員、裁判員休息室、會議室、接待室、展示大廳和倉庫、器材室等。三面看臺可容納觀眾三萬多人，看臺和場地之間有一個深五、六公尺寬十多公尺的隔離帶，全水泥結構，是進入球場下面房間的通道。整個場地的另外三分之一是跳水池、游泳池、戲水樂園等是專供俱樂部會員使用的。

　　「葡萄牙人」俱樂部的綜合基地內有一座容納二萬五千人的比賽主場，四個供夜場照明的塔式水泥燈光基柱在

市區內十分醒目，成為「葡萄牙人」俱樂部的標誌性建築，看臺下有設備完善的醫療中心和健身房。還有一個可容納三千名觀眾的圓形體育館，除室內足球、籃排球等活動外還經常舉辦週末大型演唱會和周日的俱樂部會員宗教活動。還有一個平頂的體育館，內有一塊室內足球場，有一面觀眾看臺，另有一塊室內輪滑球（旱冰球）場有一面觀眾看臺。此外還有一個網架式鋼結構頂棚的場地，設有兩塊五人制場地。綜合基地內還有籃排球場、網球場，室內游泳館，室外游泳池、跳水池、戲水樂園等設施，俱樂部的辦公樓內還有一個大型的舞廳供俱樂部會員周末舉辦大型舞會和宗教活動使用。

辦公樓前有一個沙地的足球場，使用率非常高，全天排滿了各不同年齡段球隊的訓練，離沙場地不遠有一排供人們吃烤肉的地方，排列著烤爐、餐桌，是週末俱樂部會員們來此踢足球、吃烤肉、喝啤酒、跳桑巴的地方。綜合基地內的設施除供俱樂部各線球隊使用外，主要是對外開放供俱樂部會員使用。另外還有一處專供各後備梯隊使用的訓練基地，設有七塊草皮足球場。有醫療室、運動員休息室等設施。

俱樂部實行會員制，會員定期向俱樂部交納會費，並享受俱樂部提供的各種優惠和服務，如球票半價、停車費半價、週末和假日使用俱樂部的場地運動、娛樂、吃烤肉，參加俱樂部組織的舞會、音樂會、文藝演出、宗教活動以及平日裏的游泳、戲水、健身等活動。

在聖保羅市克林蒂安斯俱樂部的會員最多，有 5 萬人，每人每月交會費 50 黑奧（約合 20 美元），「聖保

羅」和帕爾梅拉斯俱樂部的會員也在 3～5 萬人之間，每人每月會費 40 黑奧。「葡萄牙人」俱樂部的會員有 6 千人。每月每人交會費 33 黑奧。俱樂部的會費收入是俱樂部經濟來源之一，此外，還有比賽的門票和停車費；電視轉播權和球場內外廣告（由俱樂部單獨和電視臺、廣告商簽約）；出售、租借球員；比賽服胸前背後廣告和俱樂部贊助商投資等。其中出售、租借球員是俱樂部的最重要的經濟支柱，各俱樂部視此為自身生存與發展的頭等大事。

「葡萄牙人」俱樂部向歐洲一支俱樂部球隊出租一名球員每年得 500 萬美元租借費，每年該俱樂部都有幾名球員租借出去。

「聖保羅」俱樂部把德尼爾森賣給西班牙皇家貝第斯隊轉會費創下當時最高價 3600 萬美元，帕爾梅拉斯俱樂部賣出羅伯托‧卡洛斯，克魯塞羅俱樂部（米納斯州甲級俱樂部、全國甲級俱樂部）賣出羅納爾多都獲得了巨額的轉會費。巴拉那競技隊（帕拉那州甲級俱樂部、全國甲級俱樂部）同時向歐洲俱樂部賣出幾名球員將巨額轉會費用於俱樂部基礎建設，使該俱樂部面貌煥然一新，成為巴西國內基礎設施最先進的俱樂部之一，比賽成績上升，一躍成為 2001 年度全國甲級聯賽冠軍。

近年來許多巴西球星的轉會都給俱樂部帶來了豐厚的財源，如格雷米奧俱樂部將小羅納爾多轉會給巴賽隆納俱樂部，聖保羅俱樂部將卡卡轉會給 AC 米蘭俱樂部，桑托斯俱樂部將羅比尼奧轉會給皇馬俱樂部等，球員轉會的巨大經濟效益推動了巴西足球運動的發展，各俱樂部不惜投入大量的人力、財力、物力進行青少年球員的培養。

俱樂部實行選舉制，一般是每兩年進行一次換屆選舉。先由俱樂部會員選出代表，再由代表選舉俱樂部主席、副主席，選出的領導層內部再選舉出執行總經理、副總經理，並進行工作分工。按工作分工各主管領導再選聘俱樂部中層各部門的經理、副經理。上層和中層領導都是在俱樂部兼職，不拿俱樂部的工資。由他們選聘的俱樂部工作人員，負責俱樂部各部門具體工作並領取俱樂部工資。當選的上層領導和受聘的中層領導都在會員中有較高的威望，深受會員信任，他們都有相當的社會地位和經濟實力，個人都有自己的事業，在俱樂部做兼職工作，一般是每個工作日的下午四點以後到俱樂部上班，處理日常事務。在俱樂部中上層任職也相應地提高了他們的社會地位和聲望，對他們的個人事業產生良好的影響。

在巴西的職業、半職業、業餘俱樂部的自我造血，自我生存、自我發展的能力很強，發展的空間很大，各類俱樂部作為非營利性質的社會民間團體受到政府減免稅收的優惠，此外再無其他任何照顧。完全靠俱樂部的造血機能，自我生存、自我發展。近百年來走出了眾多實力雄厚、世界著名的大牌俱樂部，也崛起了成百上千的勃勃生機的中小俱樂部。

巴西足球職業聯賽和非職業聯賽

巴西的足球職業聯賽有巴西足球協會（CBF）和各州足球協會（26個州）組織的兩套不同的賽事，相互並行、協調配合、互不干擾，各自按自己制定的賽制在規定的時間內進行。

巴西職業足球聯賽分上半年、下半年兩個賽季，上半年賽季由一月初開始至六月底結束，下半年賽季由七月底或八月初至十一月底或十二月初結束。（全國甲級聯賽第二階段十二月中結束）

全國分區「冠軍杯」賽：

每年一月初開始。該項賽事是由傳統的裏約——聖保羅州際「冠軍杯」賽發展成現在的全國分區「冠軍杯」賽。包括裏約州和聖保羅州全國分成六個大區，既北方兩個區，中部兩個區，南方兩個區，由各州的甲級俱樂部隊參加，爭奪分區「冠軍杯」。這項賽事是由巴西足協和各分區的州足協共同組織的。

各州職業聯賽：

全國分區「冠軍杯」賽結束後該項賽事即開始。按各州足協自行制定的賽制規程進行各州的各級職業聯賽（聯邦行政區參加所在州的各級職業聯賽）。其中各州的甲級聯賽是全國重要的傳統賽事。

「巴西國家杯」足球賽：

由巴西足協主辦，上一年度各州甲級聯賽冠、亞軍參加，採用主客場淘汰制。類似中國「足協杯」賽，該項賽

事的冠軍隊參加當年下半年開始的「南美解放者」杯比
賽。

上述三項賽事六月底以前結束，進行 3～4 週的休整期
之後下半年賽季開始。

巴西全國職業足球聯賽：由巴西足球協會主辦，分 A
（甲）B（乙）C（丙）三級職業聯賽，每年各升降兩支隊
（A 級只降不升，C 級只升不降）。其中 A 級聯賽即是全
國甲級聯賽，名叫「巴西人」杯，是全國重要賽事。每年
七月底或八月初舉行，全國 28 支甲級隊參加，第一階段採
用主客場雙循環賽排出全部名次，第二階段前八名進入附
加賽，決出冠、亞軍。賽制如下圖：

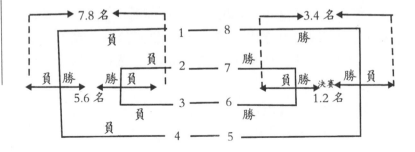

比賽採用主客場賽制，名次靠後的隊先打主場，名次
靠前的隊後打主場，如各勝一場，不看比分，加賽一場，
由名次靠前的隊打主場，一場決勝負，出現平局則打加時
賽金球獲勝，加時賽平局則罰點球決勝。該項賽事的冠、
亞軍參加當年的「南美解放者」杯賽。

巴西「冠軍杯」足球賽：由巴西足球協會主辦，上半
年的全國各州甲級聯賽冠軍參加，採用分組循環賽，小組

前兩名出線,進行交叉淘汰賽決出冠軍。比賽採用主客場制。獲冠軍的隊參加「南美解放者」杯比賽。該項賽事在全國甲級聯賽中穿插進行。

除巴西國內的職業賽事之外,還要參加南美州的兩項賽事「南美解放者」杯和「南美共同體」杯,除上述職業賽事中確定的參加「南美解放者」杯的參賽隊之外,巴西足協還要派出聖保羅州甲級聯賽的前三名,里約州甲級聯賽前兩名,北方一個州和南方一個州甲級聯賽的冠軍共七支隊參加「南美共同體」杯。在巴西國內職業賽事進行期間,各參賽隊要穿插進行南美洲的這兩項賽事。

「巴西人」杯全國足球甲級聯賽是 1971 年開始的,當 1970 年巴西隊第三次捧得世界盃冠軍之後,巴西足球協會決心改變巴西沒有全國足球聯賽的現狀,決定從 1971 年賽季起舉辦全國足球聯賽,按當年各州聯賽的實際情況,評出參加 A 級 B 級 C 級的各俱樂部球隊,並制定出升降級制度,一直延續至今,因此,在巴西存在著全國甲級隊不一定是本州的甲級隊,而各州的乙級隊則有可能是全國的甲級隊。

巴西各州的足球聯賽有著悠久的歷史,在全國足球聯賽舉辦之前,各州的足球聯賽開展的紅紅火火,時至今日各州的足球聯賽仍是全國最重要的傳統賽事,是最受廣大球迷關注的賽事之一。聖保羅州、里約州、米納斯州、帕拉那州、南大河州、巴依亞州等是全巴西足球運動最發達的地區,他們的州足球聯賽開展的好、水準高。

聖保羅州的足球聯賽是全國規模最大水準最高的職業聯賽,分 A 級和 B 級聯賽,A 級聯賽中又分 A_1 級、A_2

級、A_3 級三級，B 級聯賽中也分為 B_1 級、B_2 級、B_3 級三級。六級賽事實行升降級，每年各級升降兩支隊（A_1 級只降不升、B_3 級只升不降）。

A_1 級聯賽即是聖保羅州甲級聯賽，名叫「寶利斯塔」杯，是全國重要的傳統賽事。有 22 支州甲級隊參賽，每年一月底或二月初開始至六月初第一階段主客場雙循環賽結束，第二階段由第一階段排名前四名的隊進行附加賽決出冠軍杯——「寶利斯塔」杯。（如下圖）

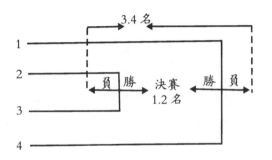

第二階段比賽採用主客場賽制，兩場決出勝負。第一階段名次靠後的隊先打主場，名次靠前的隊後打主場。比賽在六月底結束。第二階段的比賽競爭激烈，精彩刺激，冠軍歸屬的懸念吸引廣大球迷的強烈興趣，比賽場場爆滿。

A_2、A_3、B_1、B_2 四級聯賽各有 16 支隊參賽，B_3 級聯賽有 28 支隊參賽。A 級聯賽不限年齡，B 級聯賽有嚴格的年齡限制，B_3 級限 21 歲以下，B_2 級限 22 歲以下，B_1 限 23 歲以下，超齡就不能參加該級比賽。這一年齡規定為青年球員提供了良好的發展空間。

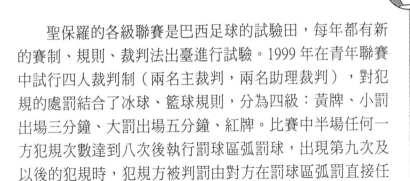

聖保羅的各級聯賽是巴西足球的試驗田，每年都有新的賽制、規則、裁判法出臺進行試驗。1999 年在青年聯賽中試行四人裁判制（兩名主裁判，兩名助理裁判），對犯規的處罰結合了冰球、籃球規則，分為四級：黃牌、小罰出場三分鐘、大罰出場五分鐘、紅牌。比賽中半場任何一方犯規次數達到八次後執行罰球區弧罰球，出現第九次及以後的犯規時，犯規方被判罰由對方在罰球區弧罰直接任意球（球可放在罰球區弧上任何一點），不准排人牆，除守門員外其他人退出罰球區。每半場比賽進行到 25 分鐘時執行一次暫停，時間一分鐘。

1999 年「寶利斯塔」杯聯賽實行了積累本年度和下年度的積分，兩年積分總和最低的兩支隊降級。在 2001 年又實行了每場比賽決勝負的規則，比賽打平即進行 3+1 的點球決勝，勝者積兩分，負者積一分。這些規則的執行為防止出現假球現象起到了積極的作用。

2001 年「寶利斯塔」杯，正式執行了四人裁判制，女裁判也開始執法男足比賽。在女足聯賽中正式執行了每半場 25 分時暫停一分鐘的規則。執法職業賽事的主裁判腰間帶一個小型噴霧器，有手機大小，內有白色氣霧狀物體，當判罰任意球時主裁判迅速跑到犯規地點用噴霧器噴出犯規點，再跑到 9.15 公尺處噴出排人牆的線，罰球地點和人牆地點一目了然，比賽可以立即進行，避免雙方對犯規地點爭執，節省了主裁判干預人牆距離的時間，而噴出的白色霧狀物在幾十秒內自行消失，這是巴西裁判的一大發明。

非職業聯賽是巴西足球的重要組成部分，它彌補了職

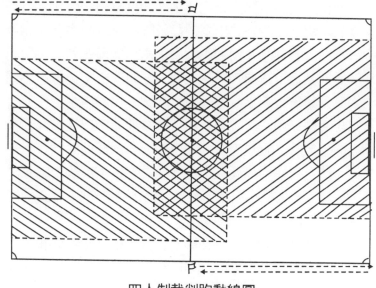

四人制裁判跑動線圖

業聯賽難以覆蓋的層面，是培養青少年後備力量和滿足廣大人民群眾愛好的重要陣地，各級政府和足球協會都有一整套完善的賽制。

在聖保羅州，州足球協會組織青少年聯賽，州政府組織兒童聯賽。都是由各類的俱樂部組隊參加聯賽。聖保羅州青少年聯賽有三個年齡段，15—16 歲（職業俱樂部四線隊年齡段）；17—18 歲（三線隊年齡段）；19—20 歲（二線隊年齡段）。在四線隊和三線隊兩個年齡段的聯賽中，是 A 級 B 級兩級職業俱樂部的參賽隊混合編組比賽，二線隊年齡段的聯賽中，是 A 級和 B 級職業俱樂部的參賽隊分級單獨編組進行比賽。

上述所有賽事都是主客場制。

聖保羅州政府組織的兒童聯賽有四個年齡段，7—8歲、9—10歲、11—12歲、13—14歲。這些比賽都是由各類俱樂部組隊參加，主客場賽制。州政府還組織4—5歲、6—7歲兩個年齡段的兒童室內足球聯賽，也是由各類俱樂部組隊參加，主客場賽制。

巴西各級的青少年、兒童室外足球比賽都是踢大場地、大足球（5號球），只是在比賽時間上有區別：

7—8歲半場15分鐘；9—10歲半場20分鐘；

11—12歲半場30分鐘；13—14歲半場35分鐘；

15—16歲半場40分鐘；17—18歲半場45分鐘；

巴西球員從小即實行參賽證制度，以醫院的出生證為憑證，由足球管理部門核發參賽證，此證一直伴隨本人參加所有限年齡的各種比賽。這樣從4～5歲（室內足球）或7～8歲（室外足球）就核發的參賽證一直隨隊員參加到23歲的比賽，年齡較為準確，虛報年齡以大打小的問題相對解決的較好。只是在偏遠落後地區由於出生證制度不健全或核發參賽證制度不規範，也會出現年齡不準確現象，各職業俱樂部尤其是大牌甲級俱樂部在選拔球員時年齡把關十分嚴格，這不僅關係到球員今後的發展潛力，也關係到俱樂部的自身利益。

巴西各級足協對虛報年齡的現象一經查實，處罰是十分嚴厲的。1999年巴西足協處罰了一名已入選國家少年隊的「聖保羅」俱樂部球員（偏遠地區來的球員，1981年生報1982年生），其代表「聖保羅」俱樂部參加少年聯賽凡上場的場次均判為0：3負，對俱樂部罰款，對本人判終生禁賽（後改判為禁賽兩年）。

各級地方政府、地方足協、民間團體等也組織民間的青少年、兒童賽事。一些半職業、業餘的小俱樂部球隊和職業俱樂部中沒能報名參加正式聯賽的球員，需要為正式聯賽熱身演練陣容的職業俱樂部球隊都踴躍參加這類比賽。特別是那些傳統的、集中許多大牌甲級俱樂部球隊參賽的此類賽事更受青睞，這種民間賽事是正式聯賽的一種補充，是正式聯賽無法替代的。

在巴西兩年的培訓中我隊參加了九次這種類型的賽會制比賽，得以與世界著名的大牌俱樂部克林蒂安斯、帕爾梅拉斯、弗朗明戈、瓦斯科·達伽瑪、克魯塞羅、聖保羅、葡萄牙人、國際競技等三線隊進行比賽，與這些強隊的同場競技使我隊獲益匪淺。

巴西足球界、新聞媒體、有關方面為保證在各項職業聯賽中裁判員秉公執法、球員公平競爭做了大量工作，在聖保羅州取得了較好的成效，受到廣大球迷和足球界內人士的認可，公認聯賽比較乾淨。他們的主要做法是提高裁判員的公眾形象；提高裁判員的福利待遇和安全保障；歡迎社會輿論監督；發現問題嚴厲處罰。

聯賽中的執法裁判都是業餘兼職，每人自己都有個人的一份工作或個人事業，州足協都給他們註冊為足協人員，代表足協執法聯賽，以提高他們的公眾形象。執法聯賽的一場比賽，主裁判酬金 3000 黑奧（2.5 黑奧兌換一美元）。助理裁判酬金 2500 黑奧。每名裁判月平均執法 6 場。這是一筆相當可觀的收入（巴西平均工資為每月 400 黑奧）。很少有人鋌而走險，甘冒媒體曝光、終身禁賽的處罰去做黑哨。裁判員的安全有保障，每場比賽都有全副

武裝的三名員警頭戴鋼盔手執盾牌專門保護執法裁判。

比賽開始前將裁判員由休息室護送到場地中圈，比賽結束後再由中圈將裁判員護送回休息室直至裁判員乘專車離場，比賽進行中三名員警坐在專設在中線外場邊的三個座椅上，隨時準備發生意外情況時進場保護裁判員，這也是巴西職業賽事場上的一個景觀。

在職業聯賽中裁判員的一切費用，包括交通費、食宿費、酬金及其它相關費用，都由各參賽俱樂部均攤，這使裁判意識到他們的待遇和個人所得都是各參賽俱樂部給的，自己必須公正執法。

對聯賽的輿論監督無時不有，無處不在，除每天的廣播、報紙、電視對比賽的評論外，巴西最大的電視臺《環球電視》每週日晚十一點至十二點，聘請足球專家、名人、著名教練、前國腳等權威人士對本週的賽事進行點評，評判執法裁判的表現，對有爭議的判罰通過慢鏡頭逐一審評，這樣有力、及時的輿論監督對裁判員的公正執法是有效的客觀的保障。

巴西各級職業聯賽不受任何外界干擾，包括國家隊參加南美洲錦標賽、世界盃預選賽和決賽階段比賽、國際足聯聯合會杯等重大賽事和一般的出訪、迎訪比賽等都不干擾國內聯賽的正常進行。這一方面是因為觀看聯賽已成為群眾必不可少的文化需求，另一方面是得到各俱樂部的支持，由於球員入選國家隊身價倍增，在國際國內轉會上會給俱樂部帶來巨大經濟利益，而俱樂部的人才濟濟後備力量雄厚，入選國家隊球員空出的位置會有優秀的後備球員填補，這是鍛鍊新人的大好時機。新人的迅速成長又增加

了俱樂部潛在的經濟利益。

　　巴西職業比賽賽事繁多，縱橫交錯，多軌並行，全年除上下半年兩賽季之間有四週左右的休整期之外，大部分時間都是每週兩賽。巴西人把觀看足球比賽視為日常不可缺少的文化生活，也給職業比賽帶來巨大經濟效益。可容納 2.5～5 萬名觀眾的賽場上進行甲級職業賽事，幾乎場場爆滿，門票分 5、10、15 黑奧（2.5 黑奧約合 1 美元）三種，停車費會員 5 黑奧非會員 10 黑奧（按觀眾 1/10 自己開車看比賽），一場比賽可有十分可觀的經濟收入。

　　一個俱樂部球隊水準越高，它參加的賽事就越多，一支球隊成績越好，它的比賽場次就越多，隨之而來的就是俱樂部的經濟收入越高。這是每個職業俱樂部都在努力追求的比賽＝經濟效益的公式。

巴西的球星生產線
——青少年球員培養體制

　　自現代足球傳入巴西之後，這項運動就深深紮根於廣大群眾之中，億萬人民對足球運動的摯愛形成了巴西獨特的足球文化。從小就喜愛足球、踢足球幾乎成了人們不可缺少的經歷，「街頭足球」、「馬路足球」、「鄉間足球」都是巴西孩子足球啟蒙的發源地。

　　巴西足球的希望之星就孕育在這千百萬玩足球、踢足球、學足球、練足球的孩子們中間，這是巴西足球人才的最大優勢，最堅實的基礎。

　　巴西足球創造了令世人矚目的輝煌業績，湧現出全世界億萬球迷崇拜的球星，巴西球星走向全世界各個職業聯賽的賽場，以他們出色的腳法、精彩的表現為巴西贏得榮譽，為個人和家庭賺回巨額經濟收入。在巴西無數家庭把孩子走球星之路作為人生首選，特別是那些家境貧寒生活在社會底層的家長和孩子，更是把球星之路作為改變其經濟狀況和社會地位的途徑，在這方面貝利、羅馬里奧、羅納爾多等幾代球星給他們做出了光輝的榜樣。

　　在巴西培養青少年球員的形式是多種多樣的，青少年球員的成才之路也是多種多樣的。其中各級俱樂部的培養是主要形式之一，職業俱樂部十分重視後備力量梯隊建設，認真做好青少年球員的培養，保證俱樂部球隊層層銜接，水準不斷提高。

「聖保羅」俱樂部的後備梯隊人數達到 280 人，他們從 10～11 歲的年齡就開始組隊，並代表俱樂部打分年齡組的比賽，到 12～13 歲這兩個年齡段都屬業餘性的隊伍，較為鬆散，流動性較大，隊員進行淘汰也很頻繁。到 14～15 歲即進入了俱樂部的四線隊伍，人員較為固定，球員也開始領工資，其中被俱樂部相中的球員可以簽約了。16～17 歲進入俱樂部三線隊，這時球員除個別試訓的之外，基本上都和俱樂部簽約了。三線、四線球隊都代表俱樂部參加州足協舉辦的少年聯賽。18～20 歲進入二線隊參加州足協舉辦的青年聯賽。

此外還有一支准職業隊，由超過 20 歲還暫時不能進入一隊，水準高、發展潛質大，俱樂部不願淘汰的球員和一隊中在聯賽上踢不上球的球員組成，這是一線隊的人才庫，隨時可以補充到一線隊或向國內國際轉會。許多實力雄厚、人才濟濟的大牌俱樂部都有准職業隊。

「葡萄牙人」俱樂部後備梯隊的規模較大，人數有 240 人，是聖保羅州甲級俱樂部中後備梯隊建設較好，青少年球員成才率較高，多年來在州青年聯賽中名列前矛的俱樂部。它各級梯隊的組建年齡和「聖保羅」俱樂部是一樣的，它不設準職業隊，它的二線隊既有參加州青年聯賽的任務又兼有準職業隊的任務，二線隊的優秀球員可以隨時補充進一隊或向國內國際轉會。

在巴西青少年球員十四歲時就可以和俱樂部簽約了，一般都在十六歲時與俱樂部簽約，合同期限一般為 1～2 年，正式簽約的球員在合同期內由俱樂部付給工資，代表俱樂部參加比賽。球員的工資不是平均的，根據個人的水

準與俱樂部的需要在簽約時雙方議定。

「葡萄牙人」俱樂部四線隊員一般是每月工資 100～150 黑奧（1 美元兌換 2.5 黑奧），三線隊員低者月工資 200～250 黑奧，高者 400～450 黑奧，個別好的球員最高達到 1200 黑奧。二線隊員低者月工資 500～600 黑奧，高者 1000～1500 黑奧，個別好的球員月工資 2000 黑奧。

「聖保羅」俱樂部各線球員的工資水準與「葡萄牙人」俱樂部基本相差不大，但好球員的工資明顯高出，二線隊的好球員可達到 3000 黑奧。

俱樂部規定在合同期內拿高工資的球員不能轉會，拿一般工資的球員在交納違約金後可以轉會。俱樂部對那些出類拔萃的優秀後備球員採取提高工資待遇，簽訂長期合同（3～5 年）的辦法把他們留在俱樂部內，以待輸送到一線隊或實現國際、國內轉會，獲得相當的經濟收益（如聖保羅俱樂部對卡卡就是這樣的辦法）。

巴西的孩子絕大部分是自發的從「街頭足球」、「馬路足球」、「鄉間足球」起步的，其中有培養前途的孩子被家長、教練、球探、經紀人發現，把他送到各級俱樂部、各類足球學校或各式各樣的球隊中進行訓練和培養。各級職業俱樂部（包括甲級俱樂部）的梯隊建設後備人才，就靠上述各種形式訓練和培養出好的苗子輸送上來的。輸送的管道是多種多樣的，有的是自願報考，如「聖保羅」俱樂部和「葡萄牙人」俱樂部每個工作日都有少則幾十名多則上百名的各年齡段的小球員來報考。

俱樂部專門配備體檢醫生和測試教練，對體檢合格者進行技術測試，每天都有留下試訓的球員也有試訓不合格

離開的球員，此外還有鄉村、小城鎮的小俱樂部和各類足球學校的好苗子通過教練、經紀人、球探等介紹、推薦進來。像羅納爾多當年就是被 1970 年巴西世界盃冠軍隊隊長卡洛斯‧阿爾巴圖發現的，把他從偏遠的鄉村帶到自己辦的足球學校培養，然後又把他送進克魯塞羅俱樂部（全國甲級俱樂部、州甲級俱樂部），後來轉會歐洲俱樂部成為世界著名球星。

現在「聖保羅」俱樂部青年隊的球員埃度‧保羅是一個典型的例子。

這名黑人球員生於 1983 年 1 月 16 日，家住名叫馬塞奧的偏遠鄉村，家境十分貧寒。兄弟姐妹 6 人，他排行老二，父親沒有工作，全家八口僅靠母親給一所學校做定點清潔工每月 130 黑奧的微薄收入生活，他從小輟學給別人家放牛。從八歲起他就和小夥伴們在街頭踢球，逐漸在鄉間踢出了名氣，有人介紹他到當地一所足球學校在教練的指導下練球，三個月後教練看他是個好苗子，要帶他去考「聖保羅」俱樂部，是在親友的資助下他才湊夠去聖保羅市的路費。他雖然身材瘦小，但控球能力極強，技術和意識都十分出色，「聖保羅」俱樂部的教練非常喜歡他，但由於他年齡小，還不能進入由俱樂部包食宿的四線隊，俱樂部給他發了回家的路費，又發了第二年再來考的路費，讓他明年再來考。

第二年他的教練的一位朋友主動上門來要做他的經紀人，負擔他的生活費用，給他父親找了一份油漆工的工作，還借給他家一筆生活費，他順利進入「聖保羅」俱樂部，經過幾年的努力現已成為青年隊球員，他最大的心願

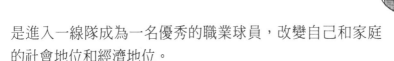

是進入一線隊成為一名優秀的職業球員，改變自己和家庭的社會地位和經濟地位。

「葡萄牙人」俱樂部四線隊球員迪度也是一個典型的例子，他 1985 年出生於首都巴西利亞行政區的一個小鎮，從小在街頭踢球，10 歲起就跟隨做教練的舅舅離開家鄉出來闖蕩，他去過里約・熱內盧市和聖保羅市的幾家俱樂部，他來考「葡萄牙人」俱樂部時，被留在四線隊，幾個月後他做為主力隊員代表「葡萄牙人」俱樂部參加聖保羅州的少年聯賽進入前四名，他還沒和俱樂部簽約，他的經紀人還要帶他找更好的俱樂部去發展。

在巴西除各種各樣的俱樂部外還有大量的各種各樣的足球學校。有政府資助的足球學校，有俱樂部辦的、也有私人辦的足球學校。像濟科、德尼爾森這樣的著名球星都開辦個人足球學校。

一般的足球學校收費都不高，每月 20～30 黑奧，約合台幣 300～500 元，學生食宿自理，每週訓練 3～4 次，也有不少足球學校是不收費的，如政府資助的足球學校，私人開辦足球學校又兼做經紀人的。凡是進入職業俱樂部梯隊的球員都不交費。窮苦家庭的孩子往往是從「鄉間足球」、「街頭足球」、「馬路足球」起步，其中優秀者能進入職業俱樂部梯隊，他們是不用花錢踢球的。

巴西的甲級俱樂部都設有專門的業餘部抓後備梯隊建設，培養青少年球員，這是職業俱樂部一線隊工作之外的重點工作，這項工作抓的好壞直接影響俱樂部的發展。

比如，聖保羅市周圍一座生產汽車的衛星城市的「聖凱達諾」（SAO CAETANO）俱樂部原是一個名氣不大的

中等俱樂部，戰績平平徘徊在中下游水準。由於多年來十分重視青少年後備力量的培養，近年來一批優秀後備人才走上一線隊，實力大增連創佳績，2000 年升入全國甲級聯賽，一舉獲得亞軍（第一階段總積分第一名），2001 年在全國甲級聯賽中又在第一階段總積分第一名，決賽階段屈居亞軍。

出色的戰績使一個默默無聞的小城市的俱樂部，一躍成為全國知名的俱樂部，隨之而來的是豐厚的經濟效益，它的優秀球員向國內國際的轉會使俱樂部得到巨額的經濟回報，俱樂部又把大筆的收入投到俱樂部建設和青少年後備人才的培養上，使俱樂部走上了良性循環的發展軌道。

足球俱樂部的發展和球員的轉會都離不開經紀人和球探，在巴西足球經紀人是在政府註冊的合法職業。他們活躍在球員的轉會市場，為國內、國際的球員轉會牽線搭橋做仲介工作。作為足球經紀人一般是接受職業球員的委託，為其轉會事宜做好仲介和服務工作並在成功的轉會中按合同規定收取傭金。

另一種形式就是買斷球員的轉會權，一般是買斷那些家境貧寒的青少年球員，出資從小培養他們，如能成才並成功轉會即按合同獲取經濟利益。巴西足協禁止俱樂部和球員本人自行介入轉會，必須由經紀人代理，這樣就使經紀人在球員轉會中的作用十分重要。

巴西籍華人李譽鴻是一名成功的足球經紀人，當年他幫助「健力寶」足球隊完成了在「巴西留學」的學業，進而進入中國職業聯賽的球員轉會市場，成功地為中國甲 A 甲 B 俱樂部轉來了不少巴西職業球員，享有了較高的信

譽。他在巴西聖保羅市開辦了一家名叫《麒麟足球》的經紀公司，有四、五十名巴西職業球員委託他代理轉會。他的球員轉會管道遍佈巴西國內各大俱樂部和南美洲、歐洲、亞洲各職業俱樂部。

2000 年初他用 60 萬美元從一家小俱樂部買斷一名十九歲的黑人球員，以「零租借」的方式借給巴拉那競技隊（ATLETICO—PR）（即不收任何費用借給租借方使用，由租借方付給球員工資），當年年底就有歐洲俱樂部出價 700 萬美元轉會費要買進該名球員，李先生認為這名球員還有相當大的發展潛力，此時還不到出手的時候。2001 年巴拉那競技隊奪得全國甲級聯賽冠軍，該名球員以其出色的表現成為 2001 年巴西全國職業比賽進球第一名（即該球員全年參加的各種職業比賽的進球總和），其身價也直線飆升，俱樂部將其轉會費標價 3000 萬美元，如果轉會成功，按與俱樂部所簽合同李先生應得轉會費的 60%。

李譽鴻的理論是俱樂部是經紀人的商品櫃檯，經紀人把球員作為商品擺放在櫃檯裏供顧客挑選，因此商品的擺放應該是免費的。商品一經售出就按雙方事先簽好的合同雙方分配利益。李先生主張並力行，善待自己的委託球員和買斷球員，要為球員著想，要為球員服務，在他們困難的時候要給予幫助，特別是經濟上的幫助。在他們順利的時候，要勸戒他們把握住自己，珍惜自己的運動生命，珍惜《麒麟足球》的榮譽，不要砸自己的飯碗。

有的足球經紀人唯利是圖，乘人之危，盤剝球員，特別是在球員青少年時期家境貧寒，無力支撐被迫簽下不合理合同，一旦成名後，經紀人利用合同的不合理條款勒索

球員，大發不義之財。前不久在西班牙皇家馬德里效力的巴西國家隊員羅伯托·卡洛斯終於忍受不了經紀人的多年勒索，不惜花費巨額的違約金在公證機關的監督下結束了與經紀人的合同。

在足球俱樂部培養青少年後備人才上，球探也起著十分重要的作用。大牌的俱樂部都聘有專職和兼職的球探，他們足跡遍佈全國城鎮、鄉村為俱樂部發現好的球員，俱樂部根據球探的推薦，試訓這些球員，留下優秀者。

被聘為球探者都是有豐富經驗的足球工作者，有的是多年從事訓練工作的教練，有的當年是優秀的球員退役後做球探。從事球探工作要獨具慧眼，有敏銳的觀察力，善於從眾多的球員中發現具有良好潛質，有培養前途的佼佼者，用巴西人的話說就是「發現一名好球員就是發現一座金礦」。由此可以看出球探工作的重要意義。

巴西是一個發展中國家，經濟不夠發達，但它依託良好的足球大環境發展足球產業是世界先進的。足球產業的龍頭是高水準的職業聯賽，基礎是源源不斷地產出優秀球員，而良性運轉的國內國際轉會是足球產業的催化劑。巴西全國尤如一部龐大的機器在運轉，形成了一條巨大的球星生產線，眾多球星從這條生產線上走下來，走向國內、國際的職業賽場。球星是足球產業的商品，給俱樂部創造了巨額財富，給巴西帶來了滾滾的外匯財源。

巴西的足球風格

　　自 1958 年巴西隊首次奪取世界盃後，令人賞心悅目的巴西足球傾倒了全世界億萬球迷，「巴西風格」，也風靡世界，在國際足壇獨樹一幟。然而，我們所能見到的「巴西風格」，只是在世界盃賽場上的實況轉播中巴西隊的臨場表現，從中領悟「巴西風格」的所在。

　　在我們親赴巴西的兩年實地考察中，深刻體會了「巴西風格」的內涵。在巴西足球實踐中「巴西風格」無處不在。我們認為「巴西風格」應體現在如下幾個方面：

一、崇尚進攻，大打攻勢足球

　　在巴西上至頂尖的甲級職業賽事下至政府舉辦的最初級的少年兒童比賽，每支球隊都以進攻——取勝為目標，沒有靠嚴密防守力保球門不失以爭平為目標的球隊。巴西數以億計的球迷異口同聲地為精彩的對攻場面吶喊助威，擊掌叫好；而對那些出於戰術需要而在後場倒腳、回傳守門員的球隊齊聲譴責，一片噓聲。是巴西球迷觀眾熱愛攻勢足球，造就了巴西足球的進攻風格。

　　在巴西的職業賽事中由於雙方都在進攻上投入力量，所以進球數很多，每場進五、六個球以上是很平常的事，同級水準的職業球隊，一隊勝另一隊三、四個球甚至五球以上也是常有的事。

　　比賽精彩，進球數多能滿足廣大觀眾球迷的觀戰熱情和精神需求，使聯賽賽場觀眾如潮，場場爆滿，創造了良

好足球環境，培養了億萬球迷，形成了全國上下人人關心、人人參與的大好足球氛圍。

僅舉我們親眼目睹的一場雙方大打攻勢足球的典型戰例，足以證明這一點。

在南美俱樂部錦標賽上，分在一組的兩支巴西甲級勁旅帕爾梅拉斯（被譽為世界最佳左後衛小個子卡洛斯的母隊）和克魯塞羅（外星人羅納爾多的母隊）相遇，兩隊大打攻勢足球，開場僅16秒帕隊就先下一城，之後克隊瘋狂反撲，至上半時結束時反以二比一反超，下半時克隊一直保持著對帕隊的強大攻勢，壓得帕隊一時喘不過氣來，距終場還有20分鐘時，帕隊主教練斯柯拉里（2002世界盃巴西隊主教練）換老隊員埃瓦易（曾被譽為巴西最優秀的前鋒）上場，35歲的老將在上場十幾分鐘之內靠一次主罰直接任意球，一次三十公尺開外的遠射，兩次洞穿克隊大門，帕隊又以三比二領先，38分時帕隊隊長阿萊士（巴西現役國腳）又進一球，場上比分四比二，然而克隊則全力進攻，到41分時扳回一球。四比三，帕隊只以一球領先。這時我們認為帕隊會全力防守，在最後幾分鐘的時間裏保住勝果。然而我們所見到的場上情景是帕隊傾巢出動壓過中場，對克隊施以強大攻勢，41分至48分（補時三分鐘）的七分鐘之內，在帕隊壓倒性的攻勢面前，克隊球門三次失守，帕隊以七比三大勝克隊。

主場觀眾一片沸騰，歡聲雷動，響徹雲霄。熱愛足球如癡如狂的巴西球迷從如此精彩的比賽中，獲得了極大的精神享受。大飽眼福的眾多球迷歡心鼓舞，久久不願離開賽場。眼見如此激動、難忘的情景，使我們體味了攻勢足

球的魅力。

二、講究個人技術，鼓勵充分發揮個人才能

巴西球員從孩提時代起一直追求個人技術的完美，他們在球場上展示個人才華的慾望受到教練、家長、親友和球迷觀眾的鼓勵和贊許。巴西足球被全世界譽為藝術足球，它的基礎就在於巴西球員嫻熟完美的個人技術、豐富的想像力和天才的創造力。

巴西的教練員十分重視從少兒時代對球員打好技術基礎的問題，例如，顛網球、小膠球就是一個很好的實例，幾乎每個受過正規訓練的球員從小都有顛網球、小膠球的經歷，這種經歷一直伴隨球員到成名之後，曾奪取過世界冠軍的大牌球星在訓練時也會經常把網球裝在運動短褲的口袋裏，隨時顛上一會兒。

我們親眼見到「聖保羅」隊中 1994 年世界盃冠軍隊員拉易和桑托斯，在訓練時乘教練給年輕隊員演練陣型時，從口袋中拿出網球做十分認真的顛網球。

許多小球員是從學習室內足球、沙灘足球起步的，當孩子四、五歲時家長把他送去學室內足球，這種足球大小與手球差不多，充足氣後反彈力極小，踢這種足球對從小培養孩子對球的感覺，腳的控球能力，身體的協調、柔韌、靈活性都有很大好處，學習兩、三年之後再轉入室外足球。

生長在海邊的孩子則是從小學習沙灘足球，在鬆軟的沙灘踢球對球的感覺應和室內足球差不多，球落地不會彈

起來很高，這對增強球感、掌握控球能力都有好處，同時鬆軟的沙灘會對增強孩子們的腳力量、腿部力量有很大幫助。孩子們光腳（或只穿球襪）在沙灘踢球不必擔心受傷，可以盡情發揮高難技術動作，這對培養孩子掌握和運用高難技術十分有益。可以設想在這種環境下成長起來的小球員轉入室外足球時會有多麼大的個人技術的優勢。

在青少年比賽中巴西的教練員鼓勵個人技術好、能力強，敢於表現個人才華的小球員，充分展示自己、樹立他們的自信。一位記者問率隊參加世界 U-15 少年錦標賽的巴西國家少年隊主教練，為什麼不制止總是個人帶球突破，屢被對方破壞的 10 號球員，要求他及時把球傳給同伴。這位教練回答記者說，這個年齡的球員正是需要敢於表現自己才能的信心和勇氣的時候，教練員要鼓勵和誘導他們，而批評和斥責只能挫傷他們的勇氣和信心，這對球員的成長沒有一點好處。當他們成為頂級職業聯賽一線球員，步入成年球隊時，對他們加以整體和戰術的訓練，會很快成才。這位教練員的觀點應引起我們的深思。

三、實戰中強調控球權，掌握比賽節奏，注重局部配合短傳滲透

在巴西，球員和教練在比賽實戰中追求的首要任務就是控球權，他們認為在比賽中最重要的首先是獲得控球權，因為只有拿到了控球權才能向對方發起有效的巴西式進攻，因此戰術設計，打法要求都是圍繞控球權，目的首先是把握控球權，不丟球，不把控球權交給對方讓對方打

自己。他們注重局部配合短傳滲透，這種打法不易丟球，可以充分發揮個人技術，靠準確的傳球，積極地跑位，巧妙地配合撕開對方防線，創造破門良機。這種打法既能給對方製造強大壓力又能較好把握控球權。

在 2002 韓日世界盃上著名足球評論員張路在評價奪得冠軍的巴西隊時說，巴西隊又回到了原來的「巴西風格」，他們把速度慢下來，控制球，控制節奏，靠他們良好的技術和默契配合，耐心地創造機會、尋找機會，一旦機會出現他們就發起快速、致命的攻擊。我們對這個評論深有同感。

我們自始至終關注著巴西隊在 2002 韓日世界盃南美預選賽上的表現，觀看了後半程巴西隊主場的比賽。儘管巴西隊出線困難重重，一路磕磕絆絆，但他們始終堅持這種「巴西風格」特別是在關鍵的兩場比賽中，這種風格發揮的淋漓盡致。面對強大的阿根廷隊他們充分發揮出「巴西風格」，靠良好的個人能力、協調的整體配合、牢牢地把握控球權，使阿根廷隊難以發揮自己強大的實力，同時他們善於控制節奏創造戰機，最終主場以 2：0 力克阿根廷隊，獲得了寶貴的三分。

最後一場主場對戰績頗佳的委內瑞拉隊，同樣以這種風格戰而勝之，確保巴西隊以第四名資格出線。

巴西足球風格的形成離不開巴西文化的根基，離不開巴西人上百年來的追求與探索，巴西廣大的足球工作者，運動員、教練員在足球實踐中創造的「巴西風格」經受了歷屆世界盃的考驗，五捧金杯的輝煌戰果向全世界證明了「巴西風格」在國際足壇上的顯赫地位。

老拳譜新編

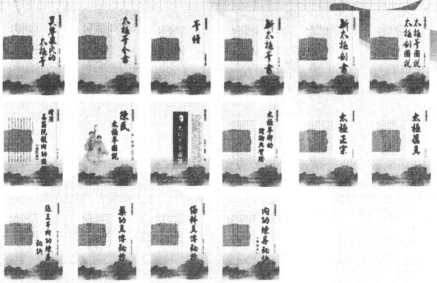

武學釋典

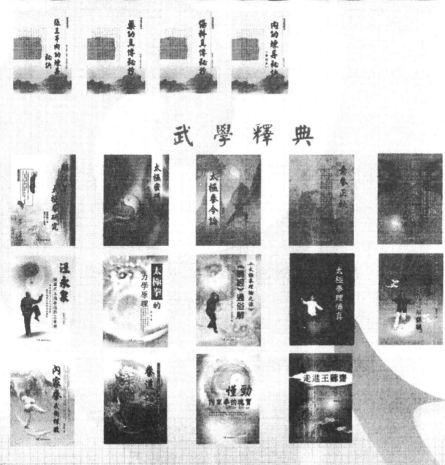

彩色圖解太極武術

定價220元

定價220元

定價220元

定價220元

定價350元

定價350元

定價350元

定價350元

定價350元

定價350元

定價350元

定價350元

定價350元

定價220元

定價220元

定價220元

定價350元

定價220元

定價350元

定價350元

定價220元

定價220元

定價220元

歡迎至本公司購買書籍

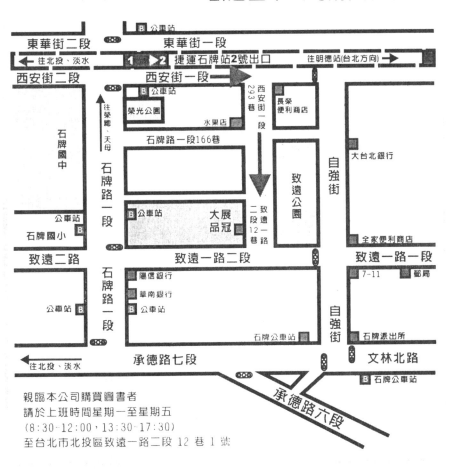

親臨本公司購買圖書者
請於上班時間星期一至星期五
(8:30~12:00,13:30~17:30)
至台北市北投區致遠一路二段 12 巷 1 號

建議路線

1. 搭乘捷運．公車
　　淡水線石牌捷運站下車，由石牌捷運站2號出口出站(出站後靠右邊)，沿著捷運高架往台北方向走(往明德站方向)，其街名為西安街，約走100公尺(勿超過紅綠燈)，由西安街一段293巷進來(巷口有一公車站牌，站名為自強街口)，本公司位於致遠公園對面。搭公車者請於石牌站(石牌派出所)下車，走進自強街，遇致遠街口左轉，右手邊第一條巷子即為本社位置。

2. 自行開車或騎車
　　由承德路接石牌路，看到陽信銀行右轉，此條即為致遠一路二段，在遇到自強街(紅綠燈)前的巷子(致遠公園)左轉，即可看到本公司招牌。

國家圖書館出版品預行編目資料

巴西青少年足球訓練方法300例 / 趙人英 編著
－初版－臺北市：大展，2007【民96‧06】
面；21公分－（運動精進叢書；17）
ISBN 978-957-468-535-6 （平裝）

1. 足球

528.951　　　　　　　　　　　　96004171

巴西青少年足球訓練方法 300 例

編　著／趙人英
責任編輯／佟　暉
發 行 人／蔡森明
出 版 者／大展出版社有限公司
社　　址／台北市北投區（石牌）致遠一路2段12巷1號
電　　話／（02）28236031‧28236033‧28233123
傳　　真／（02）28272069
郵政劃撥／01669551
網　　址／www.dah-jaan.com.tw
E-mail／service@dah-jaan.com.tw
登 記 證／局版臺業字第2171號
承 印 者／傳興印刷有限公司
裝　　訂／承安裝訂有限公司
排 版 者／弘益電腦排版有限公司
授 權 者／北京體育大學出版社
初版1刷／2007年（民 96年）6月
初版2刷／2012年（民101年）2月　　　　　　　定價／230元

大展好書　好書大展

品嘗好書　冠群可期